はしがき

　労働法に関する争訟類型には，配転等人事異動，セクハラやパワハラ，使用者の安全配慮義務違反をめぐるものなどさまざまな種類が存在するが，本書では，特に企業として関心が高いと考えられる解雇訴訟およびいわゆる残業代請求訴訟を取り扱う。

　一般的な日本企業文化においては解雇はタブーであるとの考え方が広く膾炙（かいしゃ）するなか，それでもなお使用者が労働者を解雇するに至る背景には，経営の悪化や事業の見直し，労働者の看過しがたい不正行為や企業秩序への悪影響，他の労働者との不衡平等を放置できず，やむを得ず解雇の決断に至ったという事情がある（そもそも，誰しも人から恨まれるのは好まないし，そうした事態は避けられるものであるならば避けたいと考えている）。しかしながら，そうした断腸の思いでなされた解雇であっても，ひとたび労働者から訴訟を提起されれば，よほどの事例でない限りその結論は不透明であり，解決するまで落ち着かない日々を送ることになる（もちろん労働者にとってもそれは同じであるが）。本書では，企業が解雇訴訟を受けるにあたり，今後の訴訟の展開をあらかじめ知り，主張のポイントを理解することで，その不安要素を少しでもなくし，訴訟準備において適切な対応をとれるようになることを目的とするものである。また，訴訟をよい結論に導くためには，解雇に至るまでの使用者としての対応が適切になされることが出発点となることから，使用者が誤った判断を行うことのないようガイドラインとなることをも目指した。

　また，もう一つのトピックである残業代をめぐる訴訟については昨今特に注目を浴びている領域である。労働時間や残業代の取扱いは，これまでともすると労使の長期的な関係に依拠して「なあなあ」で運用されていたきらいがあるが，昨今は法律に従った正当な取扱いを要求する声も大きくなってきた。また，裁判例の集積などにより考え方も変わってきており，常に制度そのものについて見直しを行う必要もある。そこで，本書では，最新の裁判例の考え方を基に，

はしがき

労働時間や賃金の考え方を整理するとともに，未払賃金を生じさせないために実務上特に留意すべきポイントについても言及を行っている。この問題は一人の労働者特有の問題にとどまらず，同種の労働者全員に，過去に遡って波及することが一般的であるため，事業に与えるインパクトはかなり大きなものとなる。賃金規程や労働時間の運用は，具体的なきっかけがなければ見直しがなされないことも多いが，企業担当者はこれを機に改めて自社の取扱いが法令や裁判例の考え方に適合しているか是非検討を行っていただきたい。

本書が実務に携わる皆様のお役に立てれば幸甚である。最後に，本書は元中央経済社の宮坂さや香氏とその後を引き継いだ同社の川副美郷氏のご尽力がなければ実現しなかったものである。この場を借りてお礼を申し上げる。

平成29年1月

執筆者を代表して
弁護士　荒井　太一

目　次

第1章　労働事件における訴訟実務

第1節　労働事件の特徴 ―――――――――――――― 2
1. 労働者に対する強い保護／2
2. 敗訴した場合のデメリットが大きく，勝訴した場合のメリットが小さい／3
3. 訴訟前の解決や和解／4

第2節　労働事件に関する訴訟形態 ――――――――― 5
1. 民事訴訟手続／5
2. 労働審判手続／7
3. 民事保全手続／11
4. その他の紛争解決手段／13

第2章　解雇訴訟

第1節　解雇訴訟の特徴 ―――――――――――――― 18
1. 「解雇の自由」と解雇権濫用法理（労働契約法16条）／18
2. 解雇訴訟における解雇の有効性に関する判断枠組み／19
3. 解雇権濫用の主張立証責任／25
4. 解雇の無効／26
5. 解雇無効の効果に関する主張／27
6. 和　解／29

目次

- ⑦ 「内部労働市場型」雇用と「外部労働市場型」雇用／31
- ⑧ 解雇要件を踏まえた事前検討の重要性／35

第2節　解雇事由ごとの主張立証のポイント ― 36

- ① 労働者の傷病や健康状態に基づく労働能力の喪失／37
- ② 職務能力・成績・適格性の欠如，あるいは欠勤，遅刻・早退，勤務態度不良等の職務怠慢を理由とする解雇／53
- ③ 経営上の必要性に基づく理由による解雇（整理解雇）／76
- ④ 懲戒解雇（経歴詐称，業務命令違反，不正行為等の非違行為・服務規律違反等を理由とする解雇）／90
- ⑤ 期間の定めのある労働者に対する解雇・雇止め／110

第3章　残業代請求訴訟

第1節　残業代請求訴訟の特徴 ― 124

- ① 紛争リスクが高い／124
- ② 敗訴した場合の影響が大きい／124
- ③ 訴訟提起前を含め，和解による解決がよく見られる／125

第2節　残業代請求の基礎となる法律知識 ― 126

- ① 時間外・休日労働／126
- ② 割増率／127

第3節　労働者からの残業代請求 ― 130

- ① 労働時間／130
- ② 残業代の算定基礎単価／131

第4節　労働時間に関する使用者からの反論 ——— 132

1. 労働者の主張の信用性／132
2. 労働時間性／134
3. 労働時間規制を弾力化する制度／139

第5節　割増賃金の算定 ——— 150

1. 割増賃金の算定基礎／150
2. 所定労働時間数の算定／153
3. 割　増　率／154
4. 割増賃金の計算方法／154
5. 就業規則等で労働基準法所定の方法とは異なる割増賃金の計算方法を定めている場合／157
6. 割増賃金の算定基礎に関する主張立証の留意点／157

第6節　固定残業代 ——— 160

1. 固定残業代をめぐる問題点／160
2. 固定残業代の類型／161
3. 固定残業代の適法性の判断基準／162
4. 固定残業代に関する主張立証の留意点／168

第7節　労働時間等に関する規定の適用除外 ——— 186

1. 管理監督者／187
2. 管理監督者以外の労働基準法41条各号の該当者／196

第8節　そ　の　他 ——— 198

1. 遅延損害金／198
2. 付　加　金／199
3. 時　　効／200

目　次

事項索引 ──────────────────── 203
判例索引 ──────────────────── 206

凡 例

■通 達
基発：労働基準局長名で発する通達
発基：大臣または厚生労働事務次官名で発する労働基準局関係の通達
基収：労働基準局長が疑義に答えて発する通達
婦発：婦人局長（現 雇用均等・児童家庭局長）名で発する通達
職発：職業安定局長通達
職派需発：職業安定局　派遣・有期労働対策部　需給調整事業課長通達

■判例集・雑誌
民集：最高裁判所民事判例集
判時：判例時報
判タ：判例タイムズ
労民：労働関係民事裁判例集
労経速：労働経済判例速報
労判：労働判例
日労研：日本労働研究雑誌

■主な文献
菅野：菅野和夫『労働法（第11版）』（弘文堂，2016年）
土田：土田道夫『労働契約法（第2版）』（有斐閣，2016年）

第1章 労働事件における訴訟実務

　労働事件においては，訴訟実務上，主張立証責任が事実上転換されることなどから，使用者が劣勢に立たされることが多く，一般の民事訴訟と比較すれば，使用者が敗訴するリスクは高いと考えられる。その一方で，労働事件においては，争点となる法律の基準が明確ではなく，必ずしも明確に適法・違法の判断が付きにくいことも多い。そのため，労働訴訟においても，最終的に判決に至ることなく，話合いによる解決が行われることが多い。これを反映し，労働事件においては，訴訟以外にも，さまざまな紛争解決手続が存在するほか，訴訟においても調停を前提とする労働審判が設けられ，また民事訴訟においても和解による解決が図られるなど，話合いのために多様なルールが設けられている。

第1章　労働事件における訴訟実務

第1節

労働事件の特徴

　企業（使用者）と社員（労働者）は，労働契約によって結び付けられている。したがって，労働事件における訴訟は，他の契約類型と同様，その多くは契約上の義務違反についての紛争である。しかしながら，労働事件においては，他の契約類型とはやや異なった特徴を持っているため，特段の配慮が必要と考えられる。

1　労働者に対する強い保護

　まず，使用者と労働者は，労働契約の締結当事者として本来対等の立場にあるが，実際には，労働基準法や労働契約法をはじめとする法令によって，さまざまな規制がかけられ，労働者が保護されている。これは元々は社会的地位や情報量において，優位に立つ使用者による，労働者への不当な搾取を防ぐために設けられた規制である。その結果，たとえば使用者が労働者の労働契約上の義務違反を追及する場合であっても，単に労働者の義務違反を主張するだけでは不十分な場合がある（労働契約法16条等）。さらに，こうした労働者保護法制が厳格かつ複雑に定められているため，使用者が規制のすべてを法令に忠実に履践することが現実的に困難なこともあり，法令に違反したことを理由として使用者が敗訴するケースも多い。

　また，労働保護法制のもう一つの特徴として，その要件が必ずしも明確ではないという点もあげられる。たとえば，後述する解雇の要件としては，「客観的に合理的な理由」と「社会通念上の相当性」があげられるが，この要件のみから実際の解雇の有効性を判断するのは容易ではなく，結局のところ，上記の

抽象的な要件を裏付けるような具体的な事実を積み重ねられるかによって裁判所の判断も異なる。したがって，労働事件においては，勝訴・敗訴の予測をすること自体，簡単ではない。

2 敗訴した場合のデメリットが大きく，勝訴した場合のメリットが小さい

　通常の事件に即して考えた場合，労働事件が個別の労働契約上の問題に起因する以上，その敗訴の効力は使用者と訴訟提起した当該労働者との関係でしか問題とならないはずである。

　しかし，労働事件においては，敗訴した場合，その影響が当該労働者にとどまらない可能性がある。すなわち，たとえば本書でも取り上げている残業代請求訴訟においては，使用者が敗訴した場合には，使用者が適用している賃金制度自体が違法と判断されることがあるため，訴訟提起した労働者以外の労働者についても，残業代の未払が発生している可能性が生じてくる。また，同じく本書で取り上げる解雇においては，敗訴すれば，一度使用者として契約は継続できないと判断した労働者を再度在籍させることとなり，使用者の現場の混乱，信頼関係の低下といった影響を生じる可能性がある。

　その一方で，使用者が勝訴するケースももちろん存在する。ただ，その場合に得られるのは，使用者がこれまで行った措置が適法であったという，いわば現状追認のみであり，判決によって何か利益が得られるわけではない。むしろ，訴訟が提起されて争われた場合には，多くの時間，労力，費用を費やすことになる。また，特に在籍中の労働者が訴訟提起を行った場合，仮に使用者が勝訴した場合，敗訴した労働者は使用者に対して敵対的な感情を抱くことになり，別の場面でトラブルが生じるおそれもあり，結局労使の問題としては解決したとはいえない場合も多い。

　使用者が労働事件について訴訟に関与する場合，ほとんどの場合は被告として訴えられる立場となり（もっとも，たとえば賃金債務不存在確認の訴えなどにより原告として訴訟を提起することも考えられる），そうなればいわば「降りかかった火の粉」は払わなければならないことは当然である。それでも，ど

のようにして解決することが最善であるのかについては，慎重な検討が必要となる。

3 訴訟前の解決や和解

　以上のように労働法制における使用者に課せられた規制や判決を得ることのメリット・デメリットを考えると，使用者にとっては，労働者から労働訴訟を提起されること自体が大きなリスクであるし，仮に訴訟を提起された場合であっても，判決まで求めるべきなのか，慎重に検討する必要がある。

　その結果として，労働事件の多くは，判決に至る前に，和解によって解決することになる。訴訟提起に至る前の段階で，労働者側と交渉し，話合いによる解決が成立することも多い。また，一般的な和解では，労働者の請求が法律上認められるか否かといった判断はされないから，使用者にとっては，自らの措置が違法であるといった判断を受けることも避けることができる。さらに，判決の場合は一般に公開されるが，和解であれば，和解条件として口外禁止条項を入れれば，他の労働者に波及することを避けることができるため，使用者が敗訴判決を得た場合のデメリットを回避することができる。

第2節

労働事件に関する訴訟形態

　前述したとおり，労働事件においては，いつ，どのような内容の訴訟を提起するかについて判断するのは，原則として労働者であり，使用者は被告として対応することがほとんどである。したがって，手続を選択することはもっぱら労働者側になることが一般的であるが，そうであるからこそ，手続の流れを理解しておくことは企業の労働関連訴訟対応の第一歩であると言ってよい。また，これも前述したとおり，労働事件においては，和解に至る可能性が高く，訴訟提起前の話合いのニーズも大きいため，紛争解決の手段としては，訴訟以外の手続も用意されている。

1　民事訴訟手続

(1)　概　　説
　民事上の権利の実現について究極的な制度が民事訴訟であり，労使間の労働関係についても民事訴訟を手段とすることが可能である。

(2)　手続の流れ
　原告が裁判所に対して訴状を提出した後，特段の問題なく受理された場合，裁判所から被告に対して訴状が送達される（民事訴訟法138条）。
　実務上は，裁判所が訴状を送達する際に，第1回口頭弁論期日を指定し，訴状とともに呼び出し状が送達されている（同法94条）。この期日について当事者が変更を申し立てることも可能ではあるが（同法93条3項），被告として答弁書を提出したうえで欠席することも可能である（この場合，答弁書に記載した

事項は陳述したものとみなされる（同法158条））。

　一般的には，第1回口頭弁論期日においては，原告の訴状に対する被告の認否（原告の主張が事実を認めるか否認するか，それとも知らないか等について記載すること）が答弁書にて主張される。その後は，相手方の主張に対する認否や反論を相互に行い，争点整理を行うことになる。また，その後の期日は，1回の書面を準備するために大体1～2カ月程度かかるため，おおよそ1カ月から2カ月に1回程度の間隔で開かれることになる。なお，実務上は，第1回口頭弁論期日の後は，弁論準備手続期日に付されることが多い。弁論準備手続期日は，原則として非公開となり，傍聴人のいない準備手続等で，インフォーマルに進められる争点整理手続である（同法168条）。なお，労働組合の支援を受ける労働者などは，労働組合員が傍聴することができる口頭弁論期日での続行を希望することがある（もっとも，当事者の意見に裁判所は拘束されない）。

　弁論準備手続期日のなかでお互いの主張が尽くされ争点整理が終了すると，再び口頭弁論期日が開かれ，証拠調べ（証人尋問，当事者尋問）が行われることとなる。

　証人尋問においては，本件事件について事実関係を証言できる人間を申し立てることとなるため，当該労働者の上司や同僚などを企業側の証人として申し立てることが多い。また，当該労働者も，自らの当事者尋問の他に，自らの主張を裏付ける証人尋問を申請することがある。証人尋問および当事者尋問では，客観的な証拠だけでは立証しきれない事実について立証することとなる。また，証人および当事者の証言の信用性を吟味するため，証人（当事者）を申請した側が主尋問を行った後，相手方が反対尋問を行い，疑問点等について事実関係を追及する。そのため，証人や当事者が証言する内容についてあらかじめ陳述書を作成して証拠提出し，また尋問前には想定問答を作成し，予行演習（証人テスト）を行うなどして，反対尋問に対して不正確な発言をして信用性を失うことがないよう，準備を行う。

　証拠調べが終了すれば，原則として裁判所は口頭弁論を終結し，判決を言い渡すが，証拠調べの結果これまで出てきていなかった新たな証拠が判明した場合には，これまでの主張と証拠評価をまとめた「最終準備書面」を提出し，その提出をもって口頭弁論を終結することもある。

なお、裁判所は訴訟のどの段階でも和解を試みることが可能である。実務上は、争点整理が終了し証拠調べを行う前のタイミング、または、証拠調べの終了後、後は口頭弁論を終結するのみという段階で和解が試みられることが多い（稀ではあるが、口頭弁論終結後に、和解を行うこともある）。和解を試みる場合、裁判所は、労使双方から別々に話を聞き、歩み寄ることができるラインを探っていくことになるが、時には裁判所が抱いている心証を開示して、敗訴の見込みが高いと思われる側に対し、より積極的に譲歩を求めていくこともある。

(3) 審理期間

労働関係民事事件（第1審）の年間での平均審理期間は、平成26年は14.3カ月となっており[1]、労働関係民事訴訟は他の民事事件に比して審理期間が長いとされている。これは規範が抽象的であることや、事案が複雑であることが原因であると考えられる。

2 労働審判手続

(1) 概　説

労働審判手続は、労働関係争訟について、労働関係の専門家の知見を活かしつつ、原則として3回以内の期日で調停による解決を試みるとともに、調停が成立しない場合には、権利関係を踏まえた審判を行う裁判所における手続である。前述のとおり、労働事件が和解によって紛争解決に至るケースが多いことから、平成18年に調停による話合いによって迅速な解決を目指す制度として導入された。

(2) 労働審判の対象

労働関係における紛争は、企業と労働組合の間の集団的労使紛争と、企業と個別の労働者間の個別労働紛争に大別されるが、労働審判は後者に対象を限定し、そのうち、権利義務に関する紛争（解雇、雇止め、配転、出向、賃金・退

1　最高裁判所事務総局・裁判の迅速化に係る検証に関する報告書（第6回）55頁。

職金請求権，懲戒処分，労働条件変更の拘束力等をめぐる紛争）を対象としている。

(3) 労働審判の特徴

① 地方裁判所において，裁判官（労働審判官）1名と労働関係の専門的な知識経験を有する者（労働審判員）2名（労使それぞれから1名ずつ）によって構成される合議体（労働審判委員会）によって紛争処理が行われる（労働審判法7条）。労働審判員は，労働者側については労働組合のOBや幹部，使用者側については企業の人事部の担当者から選任されることが多い。

② 紛争の迅速で集中的な解決を図ることを目的として，原則として3回以内の期日において審理を終結する（同法15条）。場合によっては1回目の期日において調停が成立して終了することもある。

③ 調停が成立せず，労働審判委員会が労働審判を行う場合，当事者の権利関係を踏まえつつも，訴訟のように必ずしも当事者が主張する実体法上の権利の有無のみについて判断する必要はなく，審判内容は柔軟に定めることができる。たとえば，解雇が無効であると判断された場合であっても，復職を認めず金銭補償を内容とする審判を行うことも可能となる（同法20条）。実務上は，労働審判委員会によって提案された調停案の内容がそのまま審判の内容となることも多い。

④ 労働審判に対して当事者から異議の申立てがあれば，審判は失効し，労働審判の申立ての時に遡って訴えの提起があったものとみなされる（民事訴訟手続に移行する）（同法22条）。したがって，異議の申立てによって係属した裁判体は，改めて一から事案を審理するのが原則となる。もっとも，労働審判で得られた心証については，（特に有利な心証を得た当事者によって）異議後の訴訟においても主張されることが多いため，異議後の訴訟手続においても全く影響がないわけではない。

(4) 手続の流れ

① 申立てから第1回期日まで

労働者が労働審判手続を申し立てると，労働審判手続の期日を定めて，事件

の関係人を呼び出す。第1回期日は申立てがなされた日から40日以内の日に指定しなければならないとされている（労働審判規則13条）。前述したように，民事訴訟手続では，第1回期日までにまず訴状に対する認否だけ準備すれば足りるが，労働審判では，第1回期日から，そこまでの心証に従って調停が開始されるため，第1回期日までに，認否だけでなく，申立書に対する反論や裏付けとなる証拠の提出もすべて行う必要がある。労働審判においても，主に申立てを行うのは労働者であり，使用者が相手方となるから，使用者は，わずか1カ月弱の間に，民事訴訟手続の争点整理の段階で準備すべき内容（事実関係の確認，証拠の準備，陳述書の作成等）と実質的に同等の準備を行わなければならない。さらに，後述するように第1回期日には，関係者に対して直接質問される可能性があるため，証人尋問における準備と同様，想定問答の作成や証人テストをすることもある。そのため，短期で終了するとはいえ企業の負担は大きい。

② 第1回期日

労働審判期日は，民事訴訟の口頭弁論期日とは大きく異なる。まず，手続は公開されない。次に，第1回期日では，まず労働審判官が中心となって，争点に即して主張や証拠を確認する。特に第1回期日においては，代理人の弁護士だけでなく，関係者についても出席が要請され，労働審判官や労働審判員から直接審尋がなされることもある。

その後労働審判委員会内部で協議した後，調停を試みる。具体的には，当事者双方からも意見を聞き，双方の意見の調整が可能か検討し，可能であれば第2回期日までに和解の条件について検討するよう双方に要請する。これに対し，調停が成立しない場合には，第1回期日においても審判を下すことがある。

③ 第2回期日以降

前述したとおり，労働審判手続においては事実上第1回期日においてその主張立証はほぼ終了しており，法令上も，補充的な主張や証拠書類の提出はやむを得ない事由がある場合を除き第2回期日までとされているため（同規則27条），第2回期日以降は基本的に調停の手続のみが行われる。

④ 調停成立の場合

労働審判委員会は審理の終結に至るまでに調停を行うことができ，調停が成

立した場合は合意内容を記載した調書を作成する。この調停は裁判上の和解と同一の効力を有することとなり，強制執行が可能となる（労働審判法29条2項，民事調停法16条）。

　⑤　調停不成立の場合

　仮に調停が成立しなかった場合，労働審判委員会は当事者間の権利関係を確認し，金銭の支払，物の引渡しその他の財産上の給付を命じ，その他個別労働関係民事紛争の解決をするために相当と認める事項を定める審判を出すことができる。

　かかる審判に対して，当事者は審判書の送達または労働審判の告知を受けた日から2週間内に裁判所に対し，書面により異議を申し立てることができ，この場合，労働審判手続の申立てに係る請求は，当該労働審判手続の申立ての時に，地方裁判所に訴えの提起があったものとみなされる（労働審判法21条・22条）。この場合，申立人から改めて「訴状に代わる準備書面」が提出され，これに対し相手方は，通常訴訟と同様に答弁書を作成し，第1回口頭弁論期日を迎えることとなる。

　なお，労働審判委員会は，事案の性質に照らし，労働審判手続を行うことが紛争の迅速かつ適正な解決のために適当でないと認めるときは，労働審判事件を終了させることができる（同法24条）。これは，事案が複雑で3回の期日での解決が困難と思われる場合等に判断されることがあるが，この場合にも，同法22条が適用され，その後は通常訴訟で争われることとなる。この点，労働審判の申立てを受けても，相手方である使用者に和解の意向が全く存在しない場合に，使用者側から同法24条の適用を主張することがあるが，労働審判委員会としては，調停による解決を目指すという前提がある以上，仮に使用者が和解の意向を示していない場合であっても，まずは説得を試みるのが通常であり，同法24条の適用が容易に認められるわけではない。

(5)　審　　理

　労働審判法の審理期間を見ると，申立て後3カ月以内に解決している事件が全体の7割を超え，6カ月以内に解決する事案は99％を超えている[2]。

　また，終局事由としても，調停の成立によるものが全体の約69.7％，労働審

判が出されて当事者から異議申立てがなかったものが約7.1％となっており，約8割の事案において当事者の合意（または消極的同意）に基づいて終局している[3]。なお，労働審判が比較的短期間で終了するため負担が軽いことや，難しい法律解釈を述べなくても柔軟に解決案を提示してもらえることから，労働者の中には，弁護士に依頼せず，自分で労働審判を申し立てるケースも増えてきている。この場合，使用者にとっては法律のプロである弁護士がいないことでやりやすい面もあると思われるかもしれないが，実際には，申立人の主張が法律上の要件に従って整理されておらず，内容を理解すること自体が困難であったり，調停の場面においても，ともすれば感情的となり，労働審判委員会の話も聞き入れないなどといった事態も想定されるため（弁護士が代理人となっている場合には，弁護士による説明の補足や説得が期待できる），労働者本人が申し立てたからといって，必ずしも使用者に有利に働くわけではない。

3 民事保全手続

(1) 概　　説

　民事訴訟手続による権利の実現を保全するために，簡易迅速な審理によって裁判所が一定の仮の措置をとる暫定的・付随的な訴訟手続である。

　労働事件における民事保全手続の典型は，解雇された労働者による労働者たる地位を仮に定める（地位保全仮処分）および賃金の仮払を命ずる仮処分（賃金仮払仮処分）の申立てである。

　労働審判制度が設けられる前は，時間がかかる民事訴訟を提起する前に，まず仮処分の申立てを行って，賃金の仮払命令を受け当座の生活資金を確保したうえで，改めて使用者に対して民事訴訟で地位確認の申立てを行うというケースも多かった（もちろん，仮処分手続の中でも裁判所による和解が試みられるため，本訴までいかずに解決することも多かった）。しかし，簡易迅速に労働

　2　品田幸男「労働審判制度の概要と課題―制度開始10年目を迎えて」法律のひろば68巻5号4頁。平成22年〜26年の事件をもとにした集計。

　3　品田幸男「労働審判制度の概要と課題―制度開始10年目を迎えて」法律のひろば68巻5号4頁。平成18年〜26年の集計。

関係訴訟を解決することができる労働審判制度が設けられたことで，現在では労働関係訴訟において仮処分事件が申し立てられることは減ってきている。

(2) 仮処分事件の審理

　労働者が仮の地位を定める仮処分命令を申し立てた場合，口頭弁論または審尋期日が開かれることとなる。また迅速に仮の決定を下すための手続であるため，民事訴訟と異なり，疎明（一応確からしいと認められる程度の立証であり，「証明」よりも低い）で足りる。

　仮処分命令を出してもらうためには，労働者は申立書に「被保全権利」と「保全の必要性」の要件を主張する必要がある。「被保全権利」は，いわば保全すべき権利が存在することを主張するもので，これは通常の権利に関する主張に近い（仮の地位を定める仮処分命令の場合には，解雇が無効である事実の主張などがこれに該当する）。「保全の必要性」とは，仮の状態でもよいからただちに命令を出してもらう必要性があることを主張するもので，仮の地位を定める仮処分命令申立事件の場合では，解雇によって生活が困窮することを主張することになる。

　これに対し，使用者としては，答弁書で反論を主張することになる。反論の内容としては，「被保全権利」については，民事訴訟と同様解雇が有効と判断している理由や経過等を主張し，「保全の必要性」については，労働者がただちに生活が困窮する状況にはないこと（退職金を支給するため生活資金がある等）を主張する。もっとも，上記のとおり仮処分の審理は短期で終了することが前提となっているため，第1回の審尋期日までの時間があまりないことも多い（中には1週間程度先に審尋期日が指定されることもある）。そのため，使用者は，答弁書では簡潔な認否を行うにとどめ，その次の審尋期日において提出する準備書面において実質的な主張をすることになる（ただしそれも十分な時間的余裕が与えられるとは限らない）。

　仮処分の審理は平均3カ月程度であり，その間に，主張のやりとりや和解の調停が行われることとなる点は通常訴訟と同様である。

4 その他の紛争解決手段

(1) 裁判所におけるその他の手続

　裁判所におけるその他の手続としては，民事訴訟の中でも簡易裁判所での訴訟提起（通常は地方裁判所に訴訟提起されることが多い），少額訴訟，民事調停等があげられる。これらの手続の特徴については，他の種類の事件と比較してそこまで大きな違いがあるわけではないが，簡易裁判所の手続においては，より労働者本人が提起する可能性が高いことや，簡易裁判所においては司法委員が同席しているため，司法委員を通じて和解が試みられることも多い。民事調停については，調停委員を通じて行う，話合いによる解決手続であり，調停を申し立てられても，断ることもできる。調停が不成立になった場合には，調停が不成立で終了するのが通常であり，その場合には何か不利益を被ることはない（ただし，裁判所は，調停委員会の調停が成立する見込みがない場合において相当であると認めるときは，職権で，事件の解決に必要な決定をすることができる（民事調停法17条））。調停については担当する裁判官はいるが，期日では，民間から選任された調停委員（労働問題に関し専門的知識を有する者とは限らない）が中心となって話を聞き，調停の可能性を探ることが多いであろう。話合いによる解決の途を探るという点では，労働審判と近いものがあるが，労働審判のように短期での解決が見込みにくい場合などには利用されることがある。

(2) 都道府県労働局における紛争解決手続

　また，労働事件においては，裁判上の手続以外にも，いくつかの紛争解決手続が定められている。すなわち，都道府県労働局においては，①都道府県労働局による相談・助言・指導，②紛争調整委員会によるあっせんといった裁判外紛争処理が設けられている（個別労働関係紛争の解決の促進に関する法律4条・5条）。

　①都道府県労働局の相談・助言・指導は，各都道府県労働局の担当者（労働基準監督署の監督官のことが多い）が，特に労働者から相談を受けた場合，使

用者から話を聞いたり，場合によっては労働者と使用者の間を取り持つような形をとって，紛争解決を援助するものである。あくまでも自主的な解決の援助にとどまるため，強制力等はない。ただ，こうした労働者の相談が，労働基準法違反を示唆するものである場合には，これがきっかけとなって使用者に調査が入り，同法違反に関する是正勧告が出されたりすることもある。

②紛争調整委員会によるあっせんとは，都道府県労働局に対して個別労働関係紛争に関するあっせんが申し立てられた場合，労働局が委任する紛争調整委員会においてあっせんの手続が行われるというものである。あっせん委員には，大学教授や弁護士等が就任する。

このあっせんも，民事調停と同様，あっせんの諾否を判断することができるし，あっせんに応じなくても何らの不利益も受けない。また，あっせんの期日は通常1回で終了するため，十分な主張立証の機会を与えられることもない。紛争調整委員会としても，厳密な事実関係の判断を行う機関ではなく，当事者双方の言い分を聞いて，話合いによる解決ができるかどうかを見極め，解決できそうなら調整し，難しいのであればただちに打ち切るという性質のもので，その意味では紛争解決の機能が高いとはいえない。しかし，行政機関である労働局は，裁判所よりは身近な存在と考えられていることや，裁判等の手続にのせて時間と費用をかけるまでの必要はない程度の比較的軽微なトラブルにおいて，手軽に解決できる制度として，労働者があっせんを申し立てることはしばしばみられる。

なお，使用者側としては，あっせんを利用するのであれば，少しでも自らの主張の正当性を理解してもらうために，事前に（あまり大容量のものは難しいにせよ）主張をまとめた意見書を提出して委員に使用者の立場を理解してもらうよう，努めるべきである。

(3) 都道府県労働委員会における紛争処理手続
① 概　　要

以上の紛争解決手段は，主として使用者と労働者の個別労働関係紛争において用いられる手続であるが，労働事件においては，個別労働関係紛争以外に集団的労働関係紛争，つまり労働組合との紛争もある。これについての紛争解決

手続としてよく利用されるのが、労働委員会である。本書では集団的労働関係紛争について詳細は触れないため、ここでは簡単に紹介する。

労働委員会は、各都道府県の機関である労働委員会と、厚生労働省の機関である中央労働委員会がある。各労働委員会には、使用者を代表する使用者委員、労働者を代表する委員（労働者委員）および公益を代表する委員で構成される（労働組合法19条）。使用者委員には、各都道府県の経営者協会の出身者や経営者などがなり、労働者委員には、労働組合の幹部やOBがなる。公益委員には、大学教授や弁護士がなることが多い。

② 審理の対象・審理の流れ

労働委員会における審理の対象となるのは、不当労働行為事件の審査等ならびに労働争議のあっせん、調停および仲裁である（労働組合法20条）。中でも重要なのが不当労働行為事件の審査である。すなわち、使用者が労働組合に対して不利益な取扱いをしたり、誠実な団体交渉を実施しなかったり、労働組合の組織に介入するような行為をした場合に、労働組合が不当労働行為の救済命令の申立てを行う。

労働委員会では、労働組合の主張に対して使用者が反論し、争点が整理されたところで証拠調べが行われ、最終的に命令が出される。命令に対しては、中央労働委員会に再審査を申し立てたり、命令の取消しを求めて裁判所に提訴することも可能である（同法27条の5・27条の19）。

また、労働委員会でも、和解が試みられることが多い（同法27条の14）。実際の期日においても、基本的には労使の当事者から別々に話を聞き、時には控室に双方の当事者側の委員が出向き、労使の意見のすり合わせを行っていく。また、和解内容についても、必ずしも不当労働行為の申立内容にとらわれず、比較的自由な内容の和解案が提示される。

第2章

解雇訴訟

　労働事件の中で，最もよくみられる事件類型の一つが，解雇である。解雇は，労働者の生活の糧や社会的な地位を奪うものであり，労働者に対して与えるショックが非常に大きいため，これを不当と考える労働者から解雇の無効（地位確認の請求）を起こされることが多い。また，こうした労働者に与える不利益の大きさから，訴訟実務上も，解雇の適法性については厳格に判断されることが多い。
　もちろん，解雇する側の使用者としても，理由もなく解雇しているわけではないが，法的に見た場合，その理由が解雇を有効とするだけの理由を十分備えておらず，結果として敗訴することもある。そこで本章では，解雇を大まかに類型化し，各類型に必要と考えられる要素について裁判例を検討し，併せて有効な解雇を行うために必要な準備や訴訟における主張立証方法について解説する。

第2章 解雇訴訟

第1節

解雇訴訟の特徴

1 「解雇の自由」と解雇権濫用法理（労働契約法16条）

　解雇とは，使用者による労働契約の解約である[1]。民法627条1項は「当事者が雇用の期間を定めなかったときは，各当事者は，いつでも解約の申入れをすることができる。この場合において，雇用は，解約の申入れの日から2週間を経過することによって終了する」と規定しているが，同条文においては労働者であっても使用者であっても区別がされておらず，したがって，使用者であっても同条の手続にのっとれば労働者を解雇することが可能となる（すなわち，使用者には「解雇の自由」がある）。

　しかしながら，解雇は労働者に対して生じさせる経済的不利益が大きく，社会的相当性に欠ける解雇を許せば社会に混乱が生じると考えられたことから，使用者の解雇権を一定の事由がある場合にのみ認めるべきであるという形で制限する社会的必要性が強い。特にいわゆる日本型雇用においては，長期雇用を前提とした賃金規程や人事権行使は労働契約の暗黙の前提になっていることが多い。

　そこで，判例は，解雇権について一般的に制約する法理として，「使用者の解雇権の行使も，それが客観的に合理的な理由を欠き社会通念上相当として是認することができない場合には，権利の濫用として無効になる」と説示し（日本食塩製造事件・最判昭50・4・25民集29巻4号456頁），解雇権濫用法理を定立するに至り，その後，就業規則上の解雇事由に解雇に客観的な合理性があると

---

[1] 菅野728頁。

しても,「使用者は常に解雇しうるものではなく,当該具体的な事情のものとにおいて解雇に処することが著しく不合理であり,社会通念上相当なものとして是認することができないときには,当該解雇の意思表示は,解雇権の濫用として無効になる」(高知放送事件・最判昭52・1・31労判268号17頁)と判示して,「相当性の原則」を明らかにした。

その後,この解雇権濫用法理は制定法の規定のないまま判例法理として存在していたが,平成15年,まず労働基準法において同法18条の2として明文化されたのち,平成19年の労働契約法成立に合わせて同法16条として移記された(労働基準法18条の2は削除された)。

以上のとおり,使用者が労働者を解雇するに際しては,一般的な契約とは異なる考慮が必要となるため,結果として,訴訟においても別途の配慮が必要となる。以下では,こうした解雇訴訟の特徴について概説する。

2 解雇訴訟における解雇の有効性に関する判断枠組み

解雇訴訟は,通常当該労働者が原告となり,労働契約上の権利を有する地位の確認(労働者たる地位の確認)を求める訴えとして提起されることとなる。

それでは,この解雇訴訟において解雇の有効性はどのように判断されるか。この点,解雇権濫用法理を明文化した労働契約法16条は,「解雇は,客観的に合理的な理由を欠き,社会通念上相当であると認められない場合は,その権利を濫用したものとして,無効とする」としている。すなわち,解雇について,①「客観的に合理的な理由」があること(解雇の客観的合理性)と,②「社会通念上相当である」こと(解雇の社会的相当性)を要求している。

この点,前者については,客観的ないし類型的な見地から解雇の理由の有無の判断であるのに対し,後者は前者が充足されていることを前提に,当該解雇の個別具体的事情を踏まえた判断であるとして区別されるとの考え方が有力である(二要件説)[2]。

---

2 労働契約法16条の判断枠組みについてはいくつかの考え方が示されているが,本章では基本的に,伊良原恵吾「普通解雇と解雇権濫用法理」白石哲編著『労働関係訴訟の

(1) 解雇の客観的合理性

　解雇権濫用法理における解雇の客観的合理的理由は，一般的に，概ね以下のとおりに大別される（なお，これらの具体的内容については後に詳述する）。

> ⅰ) 労働者の傷病や健康状態に基づく労働能力の喪失
> ⅱ) 職務能力・成績・適格性の欠如
> ⅲ) 欠勤，遅刻・早退，勤務態度不良等の職務怠慢
> ⅳ) 経営上の必要性に基づく理由
> ⅴ) 経歴詐称
> ⅵ) 業務命令違反，不正行為等の非違行為・服務規律違反

　すなわち，解雇が以上のいずれかに属するような客観的合理的理由が存在しなければ，解雇権の濫用として無効となる。

　また，この解雇の客観的合理的理由は，ただ形式的に該当すればよいものではなく，労働者にその帰責事由に基づく債務不履行があり，かつ，それが労働契約の継続を期待し難い程度に達している場合にはじめて肯定されるとの考え方が示されている[3]。そこで，解雇権は，①雇用契約の履行に支障を及ぼす債務不履行事由が将来にわたって継続するものと予測される場合（将来的予測性）に，②その契約を解消するための最終的手段として行使されるべきものである（最終的手段性）との原則が構成され，解雇の客観的合理性の判断にあたっては，かかる原則も考慮する必要がある。

　このうち，将来的予測の原則については，たとえば，労働者の傷病や健康状態に基づく労働能力の喪失が解雇事由となる場合においては，その疾病がどの程度継続するか，労働能力の喪失の度合いは重大かなどについて，職務能力・成績・適格性の欠如が解雇事由となる場合については，当該労働者との労働契約において客観的に期待されている職務能力に比して，当該労働者の実際の労務提供との乖離が重大なものといえるか等について主張していくことになろう。

　　実務』（商事法務，2012年）265頁〜286頁の整理に倣う。なお，同文献は，東京地裁労働部での勤務経験がある裁判官によって記されており，実務上参考となる。
　3　土田664頁。

次に，最終的手段の原則については，使用者が期待可能な解雇回避措置を尽くしたといえる状態にあることが必要である。たとえば，傷病等による労働能力の喪失については休職制度が，その他の非違行為等の解雇事由については注意・指導・懲戒処分・配置転換等の人事処分が解雇回避措置となる。この使用者の解雇回避措置義務は，解雇事由の重大性に応じてその大きさが変化すると考えられる。すなわち，解雇事由が重大である場合（使用者において甘受し得ないほどの著しい負担をもたらし，労働契約の継続を期待することができないほどに重大かつ深刻なものである場合）には，解雇回避措置について主張する必要性は大きく後退することとなる。他方，それほど重大とはいえない場合には，解雇回避措置を尽くしていることについて，諸事情を主張する必要がある。ただし，これらの解雇回避措置は使用者に不可能を強いるものではない[4]。したがって，使用者としても，企業，労働者および労働契約の具体的な状況（職種限定合意[5]，労働者の能力・適性，職務内容，企業規模その他の事情）を踏まえ，当時可能であった解雇回避措置を実施していること，それ以上の解雇回避措置を取ることが困難であったことを主張することとなる。

(2) 解雇の社会的相当性

前記のとおり，就業規則上の解雇事由に解雇に客観的な合理性があるとしても，使用者は常に解雇し得るものではなく，当該具体的な事情の下において解雇に処することが著しく不合理であり，社会通念上相当なものとして是認することができないときには，当該解雇の意思表示は，解雇権の濫用として無効になると判断されている（高知放送事件・最判昭52・1・31労判268号17頁）。

したがって，当該労働者に有利となり得るあらゆる事情が斟酌され，解雇が過酷に失すると認められる場合には，当該解雇は社会的相当性を欠くと解されている[6]。

---

4 土田662頁。
5 三井リース事業事件・東京地決平6・11・10労経速1550号23頁。職種を特定して雇用した労働者について，他の職種で活用する余地がなく異職種への配転を考慮する必要はないとした。
6 伊良原恵吾「普通解雇と解雇権濫用法理」白石哲編著『労働関係訴訟の実務』（商

ここで考慮される事情として典型的なものは以下のものである[7]。

① 不当な動機・目的

使用者が不当な動機・目的により労働者を解雇するような場合（解雇目的の偽装）であり，たとえば，解雇の真の目的が，HIV感染者の排除にあるような場合が典型とされる。

② 労働者の情状

当該労働者の反省の程度，過去の勤務態度・処分歴，年齢・家族構成等に照らして解雇が過酷に失すると認められる場合が典型的な事情としてあげられる。実務上，特に重要となるのは，過去の勤務態度や処分歴であろう。また，「労働者の反省の程度」は，解雇事由の発生について当該労働者が反省することは常識的な対応であるためこれがあるからといって労働者に有利になるというよりは，むしろ反省がない場合に情状を悪くする事情となるように思われる。なお，家族構成等の私生活の事情について事業主が考慮すべきであるかおよび考慮することが妥当であるかはプライバシーの観点からも疑問の余地があるように思われるし，他の労働者との均衡との観点からも問題があるように思われる（たとえば既婚者が独身者に比して解雇の判断において有利に扱われるような考慮は疑問があると言わざるを得ない）。

③ 他の労働者の処分や過去の処分例との不均衡

使用者が同様の行為を行った労働者に対しその責任や事情に応じた均衡のとれた処分を行っていることも重要な要素となる。また，過去との処分との均衡も同様に考慮要素となる。

④ 使用者の対応・落ち度

労働者に解雇事由が生じた場合であっても，その解雇事由の発生に使用者の対応が寄与していることもある。たとえば，労働者の出勤命令拒否を理由とする解雇事案であっても，出勤命令拒否の理由は使用者側の不適切な対応にあったような事例が典型例である[8]。

事法務，2012年）280頁。

7　土田679頁～680頁。

8　横浜地決平10・2・9労判735号37頁。

⑤ 解雇手続の不履践

就業規則や労働協約において解雇手続が規定されている場合は，かかる手続の履践が必要となる。また，当該労働者に対する事情聴取や弁明の機会を付与しないことも，解雇の社会的相当性の一要素になり得ると解されている[9]。

以上を踏まえて，これらの事情が実際にどのように判決に影響を及ぼしているかについて，前掲・高知放送事件を参照する。すなわち，同事件では，宿直勤務のアナウンサーが寝過ごしてニュース放送に穴をあける事故を2週間のうちに二度（放送の空白時間は第1事故は10分間，第2事故は5分間であった）も起こして解雇された事案であるが，最高裁は，労働者の行為が就業規則の解雇事由に該当すること（解雇の客観的合理性）は認めたものの，以下の事情等を理由に，当該解雇は，社会的相当性があるとして是認することはできないと判断した。

a) 放送事故は本人の悪意・過失によるものではないこと（労働者の情状）
b) 本人が謝罪していること（労働者の情状）
c) ともに宿直した記者も寝過ごしており，第2事故の記者はけん責処分を受けたにすぎないこと（処分の均衡）
d) 会社では従来，放送事故による解雇の事例がないこと（過去の処分例）
e) 会社が放送事故への対応策を講じていなかったこと（使用者の落ち度）

かかる「社会的相当性」の考え方は時代によって異なり得るため，現代または将来において同じ判断がなされるとは限らないものの，我が国の解雇権濫用規制の厳格さを表す象徴的な事例である。したがって，使用者は，解雇訴訟においては，上記のような諸事情を考慮し，そのうえでも解雇が相当であること

9　東京高判平7・6・22労判685号66頁など。

を主張立証していく必要がある。

(3) 複数の解雇事由が存在する場合

　上記のとおり，解雇の客観的合理的理由はおおまかに分類されており，それぞれの分類ごとに争点は異なっている。特に，労働者の責めに帰すべき事由による解雇と会社都合による整理解雇とでは検討されるべき要素は大きく異なる。

　しかし，実際の事案においては，この2つを明確に区別しがたい事象における解雇というものが存在する。たとえば，使用者の経営がかつてほど余裕がなくなったために，勤務状況がよくない労働者を解雇するような場合である。このような場合，経営上の理由とも労働者の責めに帰すべき事由とも評価し得るなか，解雇権の有効性に関する判断はいずれの基準でなされるか，または全く異なる基準で判断されるのか等問題がある。こうした事案について，どのように審理・判断がなされるかについて確定的な実務は存在しない。

　この点，裁判例が整理解雇基準を確立している等の事情を背景として，経済的解雇事由と人的解雇事由とは個別に審査すべきであるし，人的解雇事由が併存する場合についてもこれらの解雇理由は「合わせ技」による正当化は許容されないとする考え方も示されている[10]。

　しかし，法文は整理解雇かその他の解雇であるかを特段区別することなく規定しているなか，たとえば整理解雇とそれ以外の解雇（人的理由に基づく解雇）を厳密に区別しなければならないとする根拠は存在しない。

　また，雇用契約関係は往々にして長期間の経緯が存在し，これを前提として解雇の判断がなされることが一般的である。積み重なってきた経緯があるからこそ，とある労働者の行為により使用者と労働者との間の信頼関係が破壊されることになったり，使用者が労働者の「職務の不適格性」を確信するに至ったりするということは十分あり得る。したがって，一つひとつの解雇理由を個別に見ることはむしろ事案の全体像を見誤るおそれがある。むしろ，併存する解雇事由を総合考慮したうえで解雇が社会通念上相当であるかを検討するほうが

---

[10] 伊良原惠吾「解雇事由が併存する場合における解雇権濫用法理の運用」『労働関係訴訟の実務』（商事法務，2012年）287頁。

事実に基づいた衡平な判断であると言えよう。

　この点，懲戒処分としての解雇（いわゆる「懲戒解雇」）は企業秩序違反行為に対する制裁罰であり，具体的な懲戒解雇の適否は，その理由とされた非違行為との関係で判断されるべきものであるから，懲戒当時に使用者が認識していなかった非違行為は特段の事情のない限り当該懲戒解雇の有効性を根拠付けることはできないとされる[11]のに対して，懲戒処分以外の解雇（いわゆる「普通解雇」）は（懲戒解雇と異なり）労働契約を解約したいという意思表示であり，解雇事由は解雇権行使の動機にすぎないから，解雇時に使用者が認識していなかった解雇事由であっても裁判において追加主張することが可能であるとの考え方も有力である[12]。かかる考え方を前提とすれば，普通解雇の有効性は，個別の解雇事由と独立した牽連性を有すると解する理由はなく，総合的に判断を行うことが整合的である。

　もちろん，実際の訴訟においては担当裁判官の訴訟指揮，論点整理に委ねることとなるし，使用者としては，やみくもに解雇事由を並べるような総花的な解雇事由となることは避ける必要があるが，他方で，「なぜ解雇という結論に至ったのか」という一連の判断過程を積極的に主張を行うことは重要であろう。

③ 解雇権濫用の主張立証責任

　解雇権濫用をめぐる主張立証責任について，いずれの当事者が負うかについては，労働契約法16条の文意からは必ずしも明らかではない。

　この点，一般的に，権利濫用理論においては，権利の濫用を主張する側（解雇権の場合は労働者側）が権利濫用を構成する事実の主張立証責任を負うとされている。しかし，解雇権濫用の法理の場合，訟務実務の大勢においては使用者に解雇を正当化する事実の主張立証責任を負わせる運用がなされている[13]。

11　山口観光事件・最判平8・9・26労判708号31頁。
12　マルヤタクシー事件・仙台地判昭60・9・19労判459号40頁。山川隆一＝荒木尚志「ディアローグ労働判例この1年の争点」日労研450号8頁。
13　労働基準法18条の2の制定時の国会審議の経緯において，同条にはもともと解雇自由の原則が本則として規定され，ただし書として解雇権濫用規制が規定されていたが，

第2章　解雇訴訟

　そもそも，使用者が当該労働者を解雇する場合，長い期間にわたって生じた複雑な事実関係の末になされることも少なくないが，かかる複雑な事実関係のうちどの部分を重視するかについては労使双方で全く異なる。労働者が自ら自己に不都合な内容が主張されることは期待しがたいことから，使用者が労働者の主張する事実関係にのみ断片的な反論を行うだけでは事案の全体像は明らかにならないといえる。そこで，使用者としても積極的に使用者の視点から事案を説明し，なぜ当該労働者を解雇するに至ったのかおよび解雇要件の充足性について裁判官に対して主張する必要がある。かかる活動を通じて，はじめて裁判官に対象事案の全体像（ストーリー）を理解してもらうことが可能となり，ひいては心証を有利な方向に導くことが可能となる。

4　解雇の無効

　前記のとおり，解雇訴訟は，通常労働者が原告となり，労働契約上の権利を有する地位の確認（労働者たる地位の確認）を求める訴えとなる。この解雇訴訟の結果，裁判所が解雇について有効であると判断した場合，一般的には使用者は解雇が有効であることを前提として諸々の手続を終わらせているはずであるため，特段の影響は生じないといえよう。

　他方，裁判所が当該解雇を無効であると判断し，当該労働者の請求を認めた場合，以下の帰結が導かれる。

(1)　復　　職

　まず，解雇は無効（法的に効果を有しない）であるため，労働契約は現在でも存続しており，当該労働者は現在でも使用者の労働者の地位にあることが確認される（新たに配転や自宅待機命令などを行わない限りは，当該労働者は解雇前の業務に復職することとなるだろう）。

　国会審議の過程で本則が削除され，解雇権濫用規制が本則となったことから，実質的に解雇権の行使については正当事由が必要とするとの考え方に接近したとの評価も可能である。

(2) 賃金請求権

① バックペイ

　解雇無効判決により，解雇されて以降も労働契約関係は存続していることが明らかになるが，解雇から判決までの間，賃金は支払われていない。いわゆるノーワーク・ノーペイの原則からすれば，賃金債権は発生しないようにも思えるが，労働者が労務の提供ができなかった原因は，使用者に帰すべき事由（就労拒否）にある。この場合，危険負担の法理により，労働者は，使用者の就労拒否により労務提供義務がなくなったとしてもその反対債権たる賃金請求権を失わないと解されている（民法536条2項）。したがって，解雇無効の判決が下された場合には，解雇時から判決までの賃金の支払（バックペイ）が命じられることになる。賃金請求権が認められる範囲は，当該労働者が解雇されていなかったら得られた賃金の全額となる（なお，民法536条2項が当事者により変更可能であるかについては後記第2節 4 (5)参照）。

② 中間収入控除

　労働者が解雇された後，判決までの間に他の職により収入を得ていた場合，民法536条2項後段により，使用者はこの中間収入を労働者に支払うべき賃金額から控除できる[14]。

5　解雇無効の効果に関する主張

　前記のとおり，解雇が無効と判断された場合，労働者に対しては，復職が認められるうえ，それまでのバックペイが支払われるのが原則である。しかし，解雇時点から判決時点までは相応の時間がかかることが通常であり，この間労働者側においてもさまざまな状況の変化が生じていることがある。そのため，使用者側が，こうした事情の変化について主張を行う場合がある。

14　最判昭62・4・2労判500号14頁は，解雇期間中の就労不能は労働基準法26条に基づく休業手当請求権（平均賃金の6割）を発生させることから，中間収入があったとしても，平均賃金の6割まではバックペイとして支払が保護されると判断している。

(1) 労務提供の意思の喪失

　無効な解雇がなされた場合，法律上は労働契約は存続し得ることとなるが，労働契約上の地位を確認する利益は，労働者に労務提供の意思があってはじめて意味を持つ利益であることから，労働者が訴訟継続中に転職するなどして労務提供の意思を喪失した場合は，地位確認の利益は失われる[15]。

　そこで，労働者がすでに他の職に就いているような場合は，その旨を訴訟上で指摘することもしばしば行われている。

(2) 解雇無効の主張の失効

　当該労働者が特段異議を述べず（または述べたとしても），他の使用者との間で労働契約を締結し，長期間就労した後に，以前の使用者に対して労働契約関係存在確認の訴えを提起した場合，これを認めることはかえって衡平を欠くこともある。多くの裁判例は，解雇後長期間を経過後に提起された労働契約関係存在確認の訴えについて，信義則上許されないとしている[16]。

　そこで，使用者としても，長期間経過した後に提起された解雇無効訴訟に対し，信義則違反の主張をすることが可能となる。

(3) バックペイ

　バックペイに関しても，当該労働者が労務提供の意思を失った場合には認められない。また，バックペイの範囲は，当該労働者が解雇されていなかったら得られた賃金の全額が原則であるが，算定の基礎となる賃金は，従前の勤務状況・成績等から，最も蓋然性の高い基準を用いて算出するとされる。他方，通勤手当のような実費補償的なものや残業代のように現実に従事してはじめて請求権が成立するとされていることから，認められない。さらに昇給については，使用者の査定と意思表示によってはじめて請求権が発生することから，バックペイから除外される（規程等により当然に昇級することとなっている場合はその範囲で認められる）し，賞与についても，会社業績と本人業績を勘案して決

15　土田883頁。
16　菅野754頁。

定されている場合は，バックペイの範囲から除外される[17]。解雇無効訴訟では，労働者が自身に有利なように計算したバックペイを主張してくることもあるため，この点についても精査し，誤りがあれば主張しておくことが重要である。

(4) 中間収入控除

上記のとおり，労働者が解雇された後，判決までの間に他の職により収入を得ていた場合，民法536条2項後段により，使用者はこの中間収入を労働者に支払うべき賃金額から控除できることとなるため，使用者は，労働者の解雇後の就職状況について把握できた場合には，この点も主張することが可能である。

6 和　　解

(1) 和解による紛争の終結

判決により解雇が無効とされた場合の影響については上記のとおりであるが，実際の解雇争訟のほとんどは当事者間の金銭解決の合意によって終結している（平成27年は，労働審判手続による解決の68％で調停が成立し，地方裁判所における労働関係民事通常訴訟事件の56.4％が和解により終了している[18]）。

これは，解雇に至る過程においては，労使双方に一定の言い分が認められることがほとんどであり，解雇が無効か有効か，といった二者択一の結論が馴染まないという実態があるからであろう。また，使用者が，一旦解雇した労働者の職場復帰を望むことが少ない一方，労働者としても，解雇され，裁判で敵対した使用者の指揮命令下で再び勤務することに対して，躊躇を覚えることも多いため，当事者双方にとって和解したほうがメリットがあるケースも多い。

そこで使用者は，解雇訴訟を起こされた場合は，和解による解決も見据えながら準備を行うことが望ましい。また，裁判官の心証は和解の際の条件に大きく影響するので，当初より和解による解決を目指す場合であっても，解雇の有効性に関する主張は十分に行っておくべきである。

17　土田685頁。
18　最高裁判所事務総局行政局「平成27年度労働関係民事・行政事件の概況」法曹時報68巻8号。

なお，和解はあくまでも両当事者の合意により成立するものであるから，一方当事者が事案の内容と乖離した立場に固執する場合は，こうした柔軟な（妥当と考えられる）解決は導かれないこととなる。そこで，裁判所の判断により解雇の金銭解決を行えることを可能とする制度の創設または金銭解決について何らかのガイドラインを設けることで紛争解決に向けての一定の予見可能性を担保するための議論の必要性が提示され，厚生労働省「透明かつ公正な労働紛争解決システム等の在り方に関する検討会」において現在も議論が進められている。

(2) 和解の相場感

上記のとおり，労働紛争の大部分が和解で終了し，かつ，その内容は労働者が退職する代わりに一定の解決金を受領することが通常である現状に鑑みれば，その解決金の水準については関心が高い。

この点，上記検討会[19]においては，労働政策研究・研修機構（2015）「労働局あっせん，労働審判及び裁判上の和解における雇用紛争事案の比較分析」労働政策研究報告書No.174で作成されたデータをもとに，解雇をめぐる労働審判の調停・審判事案において支払われた解決金と，当該労働者の勤続年数との関係について，以下のとおり興味深い分析および考察が示されている。

すなわち，

- 解決金と勤続年数との関連が高いグループと，解決金と勤続年数との関連が低いグループとに大別された。
- 解決金と勤続年数との関連の小さいグループは，審判員から解雇有効の可能性が高いと判断された事案であったと考えられる。この場合，勤続年数にかかわらず，解決金は賃金の2.3カ月程度であった。
- 解決金と勤続年数との関連の大きいグループは，審判員から解雇無効の可能性が高いと判断された事例であったと考えられる。この場合，解決金は，約9.1カ月分の月額賃金をベースとして，勤続年数が1年伸びる

---

19 第7回「透明かつ公正な労働紛争解決システム等の在り方に関する検討会」配付資料「金銭解決に関する統計分析」（大竹委員・鶴委員）。

> ごとに0.84カ月分の月額賃金が増加するような関係が見られた。
> - 非正規に関しては，いずれの案件においても解決金と勤続年数の関連が比較的強く見られ，いずれの事案においても，解決金は，3.4カ月分の月額賃金をベースとして，勤続年数が1年伸びるごとに0.2カ月分の賃金が増加するような関係が見られた。

　上記分析は，あくまでも労働審判のみの結果であることに留意する必要がある[20]。また，労働審判においては，解雇無効に基づく地位確認請求のほかにハラスメントや残業代の請求がなされることも多いところ，上記解決金にはこれらの請求分も含まれてしまっているため，純粋な解雇紛争の解決金ではなく，上振れしている可能性があることに留意が必要である。
　しかし，勤続年数の長さおよび解雇の有効性に関する見込みにより一定の解決金の「相場感」が存在しているとの指摘は示唆に富み，実務においても参考となる。

7 「内部労働市場型」雇用と「外部労働市場型」雇用

　なお，解雇要件の検討にあたって留意すべき点がある。
　これまでの解雇権濫用法理は原則として，一般的な日本企業を念頭に置いて発展してきたといえるが，特に外資系企業などを中心として，一般的な日本企業とは全く異なる人事制度を設けている企業もみられる。近年，かかる人事制度の相違が解雇の有効性についても影響があり得る点が指摘されている。そこで，解雇要件の検討においては，この視点を有しておく必要がある。

(1) 雇用指針

　新規開業直後の企業およびグローバル企業等が，我が国の雇用ルールを的確に理解し，予見可能性を高めるとともに，労働関係の紛争を生じることなく事

---

[20] なお，同資料においては，通常訴訟や都道府県労働局におけるあっせん事案における分析もなされている。

業展開することが容易となるよう，国家戦略特別区域法（平成25年12月13日法律107号）37条2項に基づき，労働関係の裁判例の分析・類型化による「雇用指針」が定められた。

　この雇用指針は，日本で事業活動を行っている企業の雇用システムについて，大きく分けて内部労働市場型雇用システムと外部労働市場型雇用システムの2つのタイプがあることを指摘したうえ，解雇をはじめとする労働契約をめぐる裁判例においては，それぞれの雇用システムごとの相違が考慮されている可能性が指摘されている。

(2) 内部労働市場型雇用システム

　内部労働市場型は，典型的な日本企業において採用されている雇用システムであり，「メンバーシップ型雇用」とも呼ばれる。

　内部労働市場型雇用システムにおいては，①新規学校卒業者の定期採用，職務や勤務地の限定なし，長期間の勤続，仕事の習熟度や経験年数等を考慮した人事・賃金制度の下での昇格・昇給，②幅広い配転や出向，③就業規則による統一的な労働条件の設定，④景気後退に際し，所定外労働の削減，新規採用の縮減，休業，出向等による雇用調整。雇用終了の場合は，整理解雇の前に早期退職希望者の募集等を実施するといった特徴があるとされる（雇用指針2頁）。

　かかる特徴からも明らかなとおり，内部労働市場型雇用システムにおいては，賃金体系や使用者が有するとされる人事権は長期の雇用保障を前提として設計されているといってよい。したがって，仮にかかる前提と相違し，解雇を行うにあたっては，幅広く配転等の解雇回避努力が使用者に求められる傾向があるとされる。

(3) 外部労働市場型雇用システム

　これに対し外部労働市場型システムは，外資系企業や設立間もないベンチャー企業などにおいて採用されている雇用システムであり，「ジョブ型雇用」とも呼ばれている。

　外部労働市場型雇用システムの場合，①空きポスト発生時に社内公募または中途採用を実施，長期間の勤続を前提としない，職務給の実施，②職務が明確，

人事異動の範囲が狭い，③労働者個人ごとに労働契約書で労働条件を詳細に設定，④特定のポストのために雇用される労働者について，ポストが喪失した際には，金銭的な補償や再就職支援を行ったうえで解雇を実施するといった特徴があるとされる。

そして，外部労働市場型の人事労務管理を行う企業においては，解雇にあたって退職パッケージを提供する場合には，使用者に対して，配転等の解雇回避努力が求められる程度は，内部労働市場型の人事労務管理を行う企業と比べて少ない傾向にあるとされている（雇用指針3頁）。

(4) 雇用システムの違いと解雇権濫用法理

こうした雇用指針の分析は，実務上も違和感がないといえよう。したがって，労使の雇用保障に対する認識や期待そのものが，外部労働市場型雇用システムを採用する外資系企業等と内部労働市場型雇用システムを採用する一般的な日本企業におけるそれとは状況が異なっており，これに応じて，解雇権その他の人事権行使の有効性に関しても異なる判断がなされるべきであるとの主張は一定の説得力がある。

この点，裁判例においても，一般的な日本企業とは異なる人事制度を採用している国際企業が解雇権を行使した場合については，人事制度の相違が解雇権濫用の判断にも影響がある可能性を認めたものが存在する（ブルームバーグ・エル・ピー事件・東京高判平25・4・24労判1074号75頁）。

同事件において，使用者が，能力に応じた処遇をするとともに必要な能力がないと判断された場合には速やかにその労働者をやめさせることができるようにすることが必要であるとする国際企業と，新卒採用の後配置転換をしながら定年まで雇用することを原則とする一般的な日本企業との雇用形態には差異があることから，解雇事由の検討にあたっては雇用文化の多様性という観点が不可欠である旨主張したのに対し，裁判所は，「我が国において，国際企業がいかなる人事制度を採用しても，法令に反しない限り自由であり，<u>その人事制度がいわゆる一般的な日本企業と異なることが，労働契約法16条に規定する解雇権の濫用の判断に影響しないと直ちにいい切れない</u>」とした（下線は筆者による。なお，結論としては，日本企業との差異について具体的な主張がされてい

ないとして，当該事案における影響は否定した）。したがって，使用者が，

> a) 募集および採用，配置，昇進，降格および教育訓練，賃金制度，退職の勧奨および定年等が一般的な日本企業のそれと異なること，
> b) 当該労働者の採用時にもかかる人事制度についてどのように説明を行ったか，およびそれがいわゆる一般的な日本企業の場合とどのように異なるのか等

について具体的な事情を主張立証した場合，解雇権について一般的な日本企業における労働契約のそれとは異なる判断となる可能性がある。

　従来，こうした雇用システムの違いが解雇の社会的相当性の判断等にいかなる影響を与えるかについては必ずしも一般的に議論がなされていたものではなかった面があるが，雇用指針の発表や上記裁判例などを踏まえ，今後の実務に影響を及ぼす可能性もある。

　したがって，企業が労働者から（解雇に限らず）労働契約に関して訴訟を提起された場合，自社がいずれの雇用システムであるかについて裁判所に対して積極的に主張を行うことは有意義であると考えられる。

　また，そもそもかかる雇用システムは就業規則その他の人事規程の内容や賃金体系，実際の人事の運用などから成り立つものであることから，自社の理想とする雇用システムがいずれであるか，そしてその認識について使用者と労働者とが共有していることは，さまざまな人事トラブルを回避するためにも有効であると考えられる（特に組織が大きくなるにつれてこうした認識が共有されなくなることは多い）。したがって，外部労働市場型の雇用システムを採用しているにもかかわらず，就業規則の規定がこれと矛盾するものとなっていたり，採用において矛盾する説明がなされたりするなどの事態が生じないよう，日ごろの運用においても留意が必要である。

8　解雇要件を踏まえた事前検討の重要性

　ここまで解雇の要件を概観してきたが，これらが解雇訴訟における使用者側の訴訟上の主張の枠組みとなることは当然である。
　しかし，こうした枠組みにおける検討は，訴訟を起こされた後，準備書面を書く段階になってはじめて検討されるべきものではなく，むしろ，使用者が解雇の決定を行う時点において当然（意識的か無意識的かはともかく）検討されているべき事項である。さらにいえば，上記のとおり，解雇は人事労務上のトラブルに対してさまざまな対応を行ってきたうえでの最終的手段であるから，人事労務上のトラブル対応のごく初期の段階から弁護士等と相談のうえ，さまざまなシナリオを想定しながら対応を行うべきである。なお，人事労務を所管する部門と法務部門とが独立している企業においては，紛争案件となった時点から法務部門に引き継がれ，そこで初めて弁護士の関与が始まることも多いが，紛争性が見込まれる案件については，上記のとおり，解雇する前の段階から人事労務部門だけではなく法務部門または弁護士と連携をとり進めていくことが望ましい。

第2節

解雇事由ごとの主張立証のポイント

　以下では，解雇事由ごとにさらに具体的な使用者側の主張立証のポイントについて解説する。第1節[2](3)で述べたとおり，解雇事由は，おおよそ，

> a) 労働者の傷病や健康状態に基づく労働能力の喪失
> b) 職務能力・成績・適格性の欠如
> c) 欠勤，遅刻・早退，勤務態度不良等の職務怠慢
> d) 経営上の必要性に基づく理由
> e) 経歴詐称
> f) 業務命令違反，不正行為等の非違行為・服務規律違反

に大別される。本節でも基本的にこの分類に従って解説する。

　次に，最近では期間の定めのある労働契約を締結した労働者（契約社員，パート・アルバイト等）が増加している。また，多くの企業においてはいわゆる正社員の定年は60歳だが，高年齢者等の雇用の安定等に関する法律（以下「高年齢者雇用安定法」という）により，原則として65歳までの雇用の確保が義務付けられた結果，労働者は，定年退職後も，契約期間を1年とする労働契約を締結し，最大で65歳まで再雇用されることが一般的になっている。こうした期間の定めのある労働者に対する解雇は別途の検討を要するうえ，契約期間満了による退職（いわゆる「雇止め」）は，実務上大きな問題となるため，これについても解説することとする。

1　労働者の傷病や健康状態に基づく労働能力の喪失

(1)　概　　要

　労働者の傷病や健康状態の悪化によって労務提供が困難となることは解雇事由となる（ただし，労働者が業務に従事したことに起因する傷病の場合には，療養期間中の解雇について法律上の制限がされている（労働基準法19条））。

　すなわち，労務の提供が労働契約において労働者が負っている債務の本旨であることに鑑みれば，債務不履行と評価されるためである（傷病という事情はかかる法的な評価に直接的な影響を及ぼすものではない）。ただし，前述した将来的予測の原則により，かかる労務提供の不能が将来にわたり継続すると予測される必要があろう。また最近は，休職制度が適用される理由が，うつ病等の精神疾患であるケースが非常に増加している。精神疾患は，身体的な傷病と異なり，外見上明確な兆候が見られるわけではなく，完全に治癒することも容易ではない。その一方で，病状には浮き沈みがあり，一時的に改善することもよく見られるため，復職可能か否かの判断が身体的な傷病よりも難しく，解雇訴訟等に発展する可能性も高いといえる。

(2)　休職制度

　雇用契約において，労働者は労務を提供する義務を負っているから，労働者が身体的・精神的な障害（傷病）によって使用者に対して労務を提供できない場合，労働者の労務提供義務が履行されていないことになる。そのため，民法の一般原則に従えば，使用者は当該労働者との雇用契約を解除（つまり解雇）することができる。

　しかし，実務上，身体的・精神的な傷病に対しては，「休職制度」を設けている企業がほとんどである。「休職制度」とは，労働者が業務外の事情による身体的・精神的な傷病（いわゆる「私傷病」）に罹患し，長期にわたり欠勤するような場合，一定期間の欠勤を前提に休職を命じ，就業規則上規定された期間療養することができる制度である。休職期間中に傷病が回復し就労可能となれば休職は終了して復職できるが，休職期間中に就労可能とならなければ休職

期間満了をもって自然退職または解雇となる制度である[21]（かかる休職制度は私傷病による解雇を猶予する制度と評価される。この点は実務上あまり意識されることは少ないが，労働者とのコミュニケーションにおいて重要な前提となることから，企業担当者は留意するべきである）。

　身体的・精神的障害を理由とする解雇においては，そもそも休職制度を適用しないで行った解雇や，休職から復職させないで解雇することについて争われることが多い。

(3)　休職発令前の解雇
①　休職の要否の判断
　使用者が休職制度を設けている以上，労働者が身体的・精神的障害に罹患し長期欠勤した場合には，解雇する前に休職制度を適用することが通常の対応である。休職制度が「解雇猶予」であるにもかかわらず，猶予せずに解雇することは，自ら設置した休職制度を無視するものであり，許されない。そこで，労働者が身体的・精神的不調を抱えているにもかかわらず，使用者が労働者に休職制度を適用せずに解雇することは，原則として違法と判断されると考えられる。この点，日本ヒューレット・パッカード事件・最判平24・4・27労判1055号5頁は，労働者が「自分が監視され，日常生活に関する情報が使用者の従業員間で共有されている」と主張して使用者に調査を依頼して出社を拒否していたところ，使用者が出社を命じ，これに応じなかったことを理由に当該労働者を解雇したのに対し，裁判所は，精神的な不調のために欠勤を続けていると認められる労働者に対しては，精神科医による健康診断を実施するなどした上で，その診断結果等に応じて，必要な場合は治療を勧めた上で休職等の処分を検討し，その後の経過を見るなどの対応を採るべきであり，このような対応を採ることなく，正当な理由のない欠勤をしているとして諭旨退職の懲戒処分の措置をとることは，使用者の対応としては適切なものとはいえないとして，諭旨退職処分を無効と判断している。この判旨を前提とすれば，外見上身体的・精神的な異常がみられる労働者に対して，休職制度の適用を検討するまでもなく解

21　菅野697頁。

雇することは，無効と判断される可能性が高いと考えられる。

　もっとも，休職期間は有限であるから，療養が必要といってもいつまでも休職を認める必要があるわけではない。そのため，休職期間を発令する前の段階で，医師の診断等により，休職期間をすべて適用しても休職期間満了時に復職可能とは考えられないような場合には，例外として休職を発令せずに解雇することも可能と考えられる。農林漁業金融公庫事件・東京地判平18・2・6労判911号5頁では，高次脳機能障害に罹患し，複数の医師から「労働能力はほとんどない」「長期的には大幅な回復は期待できない」と意見されていたケースにおいて，客観的な就労能力がない以上，休職を発令しなかった使用者の判断を適法としている[22]。

② 休職の要否の前提としての医師の診断

　以上から，身体的・精神的に異常がみられる労働者に対し，休職を発令しないで解雇し，労働者が解雇無効の地位確認請求訴訟を提起してきた場合には，①労働者に休職を命じる努力を行ったが，うまくいかなかったか，②休職を発令しても復職できる見込みがなかったか，いずれかを主張する必要がある。

　上記の①②のいずれを主張する場合でも，必要となるのは医師の診断である。すなわち，①休職命令を行うには，専門家である医師の診断が必要であるし，②休職期間を経ても復職できる見込みがないかどうかについても，その病状については医師の診断を仰ぐほかないからである。特に精神疾患については，外見上健常者との見分けがつきにくく，使用者が軽率に健常者と判断することは危険であるため，必ず専門家である医師の診断書を入手してから対応を検討すべきである。

(a) 労働者が医師の診察を受け診断書を提出してきたとき

　この場合には，「療養が必要」との診断であれば欠勤させて休職を命じることになり，後述(4)に移行する。これに対し，「休職期間満了しても復職が難しい」との診断が出れば，休職命令を行わないで解雇することを有効と主張する根拠が得られることになる。

　また逆に医師から「病気ではない」という診断が得られた場合には，健常者

22　そのほか，東京地判平14・4・24労判828号22頁等。

として扱うことになる。この場合には、その言動により職場秩序を乱す労働者に対して、業務命令に応じない等を理由とする懲戒処分を科すことも可能となるし、業績が悪かったり周囲とトラブルを起こしている場合には、労働者本人の能力や協調性の問題として取り扱うことになる。

(b) 労働者が医師の診察を拒否した場合——受診命令の可否

これに対し、労働者によっては自らが病気であるという認識がなく、こうした診断を拒否するケースも見られる。そこで次に、使用者から労働者に対し、業務命令による医師の診断を指示することが可能か、問題となる。裁判例には、就業規則上の根拠がなかったとしても、労使間における信義則ないし公平の観念に照らし、合理的かつ相当な理由があれば、専門医の受診を命じることはできるとしたものがある[23]。もっとも傷病は労働者のプライバシーにも関連する事項であるし、事案によって受診命令が出せるのか出せないのかの判断が困難なことも予想されるから、あらかじめ就業規則において受診命令の根拠を規定しておくことが望ましい。

そこで、使用者としては、医師の診察を拒否する労働者に対して、業務の一環として受診命令を出すことになる。ただし、労働者が拒否しているからといって、ただちに業務命令として受診を指示するのは適切でなく、まずは説得に努め、それでも応じようとしない労働者に対して受診命令を出すべきであろう[24]。

こうした使用者による説得や受診命令に応じて医師の診察をした労働者に対しては、(a)と同様の対応をすることになる。これに対し、受診命令によっても労働者が応じようとしない場合には、使用者が傷病か否かどうかを判断することが困難であるため、健常者と同様に扱うことになろう。仮に勤務成績や勤務態度に問題が生じているとしても、それは傷病と安易に結びつけることはできず、本人の能力や適性の問題であるという前提で対応することになる。なお受診命令も業務命令であり、これに応じないことは業務命令違反で懲戒事由にな

23　京セラ（旧サイバネット工業・行政）事件・東京高判昭61・11・13労判487号66頁。
24　前掲・日本ヒューレット・パッカード事件においても、使用者が労働者に対して、医師の診断を指示することができる旨規定されていたにもかかわらず、上記の指示を行っていなかった事実が認定されている。

り得るところだが，受診命令自体は本来労働者のために行うものであり，労働者がこれに違反したとしても使用者が何らかの損害を被ることは少ない。そのため，形式的には業務命令として受診を命じたとしても，これに違反したことを理由に懲戒解雇等を行うことは，あまり意味のあるものではない。したがって，使用者が労働者に医師の受診を命じたにもかかわらず労働者が応じなかった場合には，当該労働者を健常者として取り扱ったうえで，能力や協調性に問題があるという主張をするべきである。

(4) 休職期間満了時の解雇

　使用者が労働者を休職期間満了をもって解雇するのは，休職期間をもってしても復職可能な程度に「治癒」しなかった場合である。これに対し，労働者は，解雇の無効の主張において，復職を命じなかった使用者の判断が誤りであると主張することになる。そこで，休職期間満了時の解雇訴訟においては，「治癒」したかどうかが最も重要な論点となる。

① 復職の要件としての「治癒」

(a) 「治癒」の内容

　復職の要件である「治癒」の内容については，裁判例上は，「従前の職務を通常の程度に行える健康状態に復したときをいう」とされ，休職前の業務について，休職前と同程度の負荷で行えることが要件とされている[25]。もっとも，裁判例上は，上記の「治癒」については例外が認められ，より広く復職を認めているのが実態である。

(b) 「通常の程度」の要件

　エール・フランス事件・東京地判昭59・1・27労判423号は，労働者が結核性髄膜炎に罹患して休職した後，復職を申請した際，医師より，

① 自動車運転，高所作業，ベルトコンベヤー上の歩行など頭位を変化すると平衡の失調を生ずる可能性がある。
② 結核性疾患の常識として，今後1，2年は慎重な経過観察が必要で，

---

25 平仙レース事件・浦和地判昭40・12・16労民16巻6号1113頁。

> しかる後治癒判定をすべきで，復職は極めて軽勤務から開始し徐々に作業量を上げる方針で行われることが望ましい。
> ③ 上記①②を前提とすれば，上記職場（原職）に就労することは可能

といった意見が出されたところ，使用者が復職を認めず，休職期間満了によって自然退職とした事例であるが，裁判所は，復職時に従前の業務を「通常の程度」業務を行うことができるかどうかについては，治癒の程度が「今後の完治の見込みや，復職が予定される職場の諸般の事情等を考慮して，解雇を正当視しうるほどのものであること」が必要であると判断し，自然退職を無効と判断した。この裁判例を敷衍すれば，復職時に従前の業務を「通常の程度」に行える健康状態でなかったとしても，当初は軽易業務に就かせ，徐々に通常業務に復帰できるような場合には，「治癒」に該当したと判断され，使用者による解雇が無効と判断される可能性がある。

また，上記裁判例を踏まえ，最近では，労働者が復職する際に使用者に提出する医師の診断書においても，「当分は軽微作業が望ましい」「時間外労働は禁止とする」といった，作業量についての要望が記載されることが増えている。

(c) 「従前の職務」の要件

「従前の業務」であるか否かについても，例外が認められている。建築工事現場における現場監督業務に従事していた労働者がバセドウ病に罹患し療養していたところ，医師より「中から重労働は控え，デスクワーク程度の労働が適切と考えられる」との診断書を得て事務作業での復職を求めたところ，使用者が拒否したという事件において，裁判所は，労働者の労働契約上その職種や業務内容が現場監督業務に限定されていたとは認定されていないことを前提に，「現に就業を命じられた特定の業務について労務の提供が十全にはできないとしても，その能力，経験，地位，当該企業の規模，業種，当該企業における労働者の配置・異動の実情及び難易等に照らして当該労働者が配置される現実的可能性があると認められる業務が他にあったかどうかを検討すべきである」と判示している[26]。

---

26 片山組事件・最判平10・4・9労判736号15頁。

したがって，上記裁判例を前提とすれば，復職時に「従前の職務」に就くことができなかったとしても，ただちに復職を拒否する理由にはならないことになる。

② 使用者による主張立証の留意点

以上からすると，休職期間満了による解雇が争われた場合，使用者から主張すべき要素としては，以下のものが考えられる。まずは，主治医の「復職可能」の診断自体に信用性が認められないとの主張である。また，これも「復職可能」の診断の信用性の問題に含まれるが，多少の期間軽易業務に就けたとしても，「治癒」する程度に回復しないという主張が考えられる。最後に，「従前の職務」以外に労働者が就ける業務が存在しないという主張である。以下，それぞれについて検討する。

(a) 主治医の「復職可能」の診断

もとより，復職の可否を判断するのは使用者である。しかしながら，使用者は通常医学的・専門的な知識を有していないため，病状の回復具合を見極めるためには，医師の診断に頼らざるを得ない。そのため，復職を希望する労働者に対しては，まず主治医の診断書を求めることが一般的である。特に精神疾患については，外見上病気かどうかの見分けがつきにくく，専門家の医師の診断は必須と考えられる[27]。逆に，仮に労働者が使用者の指示に従わず，主治医の診断書を提出しない場合には，使用者としては労働者が復職可能なのかどうか判断できないため，休職期間満了をもって解雇したとしても，有効と判断される可能性が高い[28]。

また，仮に労働者の主治医から「治癒」または「復職可能」[29]といった診断

---

[27] J学園（うつ病・解雇）事件・東京地判平22・3・24労判1008号35頁は，うつ病で休職中の労働者の退職の当否等を判断するに際し，主治医から，治療経過や回復可能性等について意見を聴取しなかったことについて，「現代のメンタルヘルス対策の在り方として，不備なものといわざるを得ない」と判示している。

[28] 大建工業事件・大阪地決平15・4・16労判849号35頁は，使用者の再三にわたる主治医の診断書提出要求にも応じず，主治医に対する意見聴取も拒否していた労働者に対して行った解雇が有効と判断した。

[29] 実務上「復職可能」との診断書は多く見られる。しかし，本来的には医師が診断すべきは病状であり，「復職が可能か否か」は医学的判断ではなく，医師の診断対象とし

書が提出された場合であっても，使用者は，かかる診断書に従って労働者を無条件に復職させなければならないわけではない。主治医の診断書といえども，使用者が復職を判断する際の参考資料にとどまる。特に精神疾患の場合においては，主治医の診断は基本的には労働者に対する問診に依拠するため，診断は主観的なものにならざるを得ず，その診断に疑義がある事例も散見される（実際には，解雇を回避したいと考える労働者が，復職するために，休職期間の満了間近になって一時的に強い就労意欲を示すことはしばしば見られる）[30]。したがって，「復職可能」との診断書にもかかわらず，実際に労働者と面談をしてみると，素人目に見ても到底復職可能な状態にあるとは思えない，という事態が生じ得るのである。

　このような場合には，使用者の判断として復職を拒否することも考えられる。もっとも，上記のとおり使用者は医学的な知見については専門的な知識を有しているわけではないから，使用者としては，主治医から「復職可能」との診断が出されたにもかかわらず，当該労働者の復職を認めず解雇する場合には，以下のステップを踏んでおく必要がある。

　(i)　**主治医との面談**

　主治医の診断内容に疑問がある場合，主治医に直接確認することが近道である。しかし，医師には守秘義務が課せられているため，主治医から労働者の病状について確認するためには，労働者本人の同意が必要である（場合によっては，労働者本人の同席の下で確認を行うこともある）。そこで使用者としては，まず労働者に対し，主治医の意見を確認したいので，主治医との面談に同意してもらうよう，労働者を説得するべきである。

　なお，上記のとおり，主治医としては労働者の話しか聞いておらず，偏った情報に基づいて診断を行っていることもあるし，復職後の業務の内容等について，どこまで正確な知識を持って「復職可能」との判断をしたのかも不明であ

て適切ではない。

30　コンチネンタル・オートモーティブ事件・横浜地判平27・1・4労経速2244号3頁では，主治医が，当該労働者は仕事に戻れる状況にはなかったが，当該労働者から，「クビを宣告されて目が覚めた，戻りたい，頑張ろうと思う」と言われたので，労働者の希望どおり通常勤務は問題ないという診断書を書いている。

る。そのため，使用者としては，復職に際し，当該労働者が欠勤するに至った経緯，休職中の様子，従前勤務していた業務内容等について情報を提供し，その上でも本当に主治医の「復職可能」との診断が維持されるのか，確認することが望ましい。

(ii) 産業医等他の医師の診断（セカンドオピニオン）

労働者の同意が得られず主治医と面談できない場合はもちろん，主治医と面談できた場合でも，産業医等他の医師がいる場合には，こうした第三者の専門家に労働者を診察してもらうことも検討すべきである（就業規則上受診命令が規定されていれば，このような場合にも利用することができる）。もっとも，産業医の場合には，その専門も多岐にわたり，必ずしも労働者が罹患している傷病について詳しい知識を有しているとは限らない（特に精神疾患を専門とする産業医は，まだ多いとはいえない）。いかに産業医といっても，専門家でなければ，主治医の診断を正確に検証することは難しい。そこで，産業医の専門が別である場合には，産業医の知り合いの専門医を紹介してもらう等，専門家を確保することが望ましい。

主治医と産業医（あるいは使用者が指示した第三者の医師）の意見が異なった場合には，どちらの診断を信用できるかで解雇の可否が変わる。この点，一般的には，使用者から職場に関する情報を提供することが可能な産業医等のほうが，信用性が高いとはいえる。裁判例においても，休職した労働者が使用者の担当者を誹謗中傷する言動を繰り返していたにもかかわらず，労働者の主治医が，「職場復帰は可能である。ただし，会社が信頼回復のための努力をすること，発病時の職場，当時の上司が係わる職場は望ましくないこと」などとする診断書を作成したため，使用者の産業医が別途意見書を作成し，当該意見書に従って労働者の復職を認めず，休職期間満了による退職とした事例について，主治医が当該労働者の使用者に対する誹謗中傷の事実を知らなかったのに対し，産業医は同事実を知っていたことなどを理由として，産業医の意見書のほうが説得的であると判断したものがある[31]。

さらに，主治医と産業医等の診断について信用性の判断が付きかねる場合に

---

31 日本通運（休職命令・退職）事件・東京地判平23・2・25労判1028号56頁。

は，サードオピニオンをさらに取ることも検討し，主治医の診断書の信用性を検証すべきである。

　(b)　「試し出社」「試し勤務」

　主治医から「復職可能」との診断書が出ても，使用者としてはその回復具合に疑念がある場合や，労働者の傷病が精神疾患のときに，主治医の診断書において，「復職可能」と診断しつつも，「当面は軽微作業に従事させること」といった意見が付されている場合，使用者としても当該労働者が本当に「治癒」しているのか，判断に迷うときもある。そこで，そのような場合に労働者を解雇する場合には，休職期間が満了する前に，実際にどの程度まで回復しているのかを検証する「試し期間」を設け，この「試し期間」の基準を十分にクリアできなかったから解雇したと主張することが望ましい。仮に解雇せず復職させるという判断に至った場合でも，使用者が，当該労働者に対しどの程度まで負荷を与えてよいのか判断するために，こうした休職期間満了前の「試し期間」の設置は有用である。「試し期間」の期間や内容は，主治医や産業医等とも相談しながら計画することが適切であるが，通常は，「試し出社」と「試し勤務」を中心に構成することになろう。

【試し出社・試し勤務の例（うつ病のとき）】
　a)　出社訓練（会社に来るだけ）
　b)　出社・在籍訓練（会社に来て席に着いている）
　　　最初は半日，慣れてきたら１日
　c)　軽微作業訓練（簡単な作業をしてもらう）
　　　最初は半日，慣れてきたら１日
※この間の給与は，単なる出社・在籍訓練であれば不要だろうが，何らかの業務に従事させるのであれば，支払が必要になろう。もっとも，休職前の給与を支給する必要はなく，お試し期間ということで労働者本人とも協議し，作業内容に見合った給与を支給すれば足りると考える。

　これを１カ月〜２カ月程度実施し，その間の出勤率，作業効率などを見て，復職後の勤務に耐えられないと判断した場合に解雇した，との主張をすることになる。精神疾患の場合によく問題になるのが出勤率であり，出社・在籍訓練くらいであれば出てこられるが，作業をするとなると途端に出勤率が下がると

いうケースも多い。どの程度出勤すればよいと言えるかについては明確な基準が存在するわけではないが、筆者の個人的な考えとしては、有給休暇が付与される程度、すなわち期間中8割程度は勤務可能でなければ復職できる状態とはいえないのではないかと考えている。また、こうした「試し出社」「試し勤務」を実施しても満足にこなせないという結果が出た場合には、労働者本人はもとより、主治医に対しても、休職期間満了での解雇について納得させやすくなり、最終的に解雇しても紛争になるリスクを減らすことができる。

なお、労働者が休職期間の満了よりもある程度前のタイミングに復職を申請してくれれば、休職期間満了前に上記のような「試し期間」を設けることは容易になるが、労働者が休職期間満了直前になって復職申請をしてきた場合、使用者としては、休職期間の延長等の対応をとらないと、復職の可否の判断自体ができない可能性がある（休職期間は通常長期にわたるため、労働者自身も、休職期間満了日を失念している可能性もある）。そこで、「試し期間」の日程を確保するとともに、労働者に対して配慮したことを示す要素になるものとして、使用者から労働者に対し、休職期間満了日よりも日程的に余裕をもった段階で、休職期間満了日を通知するとともに、同日までに復職できなければ解雇することになる旨注記し、復職を希望するなら、医師の診断書を添付のうえで申請を行うよう申し入れておく。このように事前に通知しておくことは、労働者が医師の診断書も復職申請を提出しなかった場合に使用者が解雇したとしても、使用者としてはできることは尽くしており、これに対応しなかった労働者に非があると判断してもらうための要素にもなる。

(c) 「従前の職務」以外の職務

前述のとおり、労働者が従前の職務に復職できなかった場合であっても、当該労働者が配置される現実的可能性があると認められる業務が他にあるにもかかわらず解雇すれば、その解雇は無効と判断される。そのため、使用者においては、解雇をする前の段階において、当該労働者が就労可能で現実的に可能性がある業務があるのかどうか、検討しておき、解雇した場合にも、「労働者が従事することが現実的に可能な業務が他に存在しなかった」と主張できるようにしておく必要がある。

もっとも、前掲・片山組事件の判示は、労働者がいわゆる職種限定のない正

社員であり、労働契約上使用者の配転命令において職種の変更等も可能だったことを前提としているから、労働者に職種限定の合意があるような場合には、必ずしも他の業務を検討することまでは求められない。また、専門性が高いスペシャリストとして中途採用されたような労働者の場合には、仮に労働契約上は使用者の配転命令権が広く認められる場合であっても、「現実的可能性」がある業務の有無については、業務の専門性を考慮することになるだろう[32]。さらにいえば、上記「現実的可能性」という表現を前提とすれば、使用者が検討すべき対象となる業務は、現実に存在している業務であって、労働者のために、労働者の回復状況に合わせた業務を創出して復職させることまで求めているものではないと考えられる。

(5) 復職後の解雇

前記(4)の手続を経て労働者の復職申請が認められた場合、通常は休職期間はリセットされ、休職理由となった傷病が再発した場合であっても再び休職制度を適用するのが原則である（休職制度を含む就業規則上のルールに則って対応する必要がある）。もっとも、精神疾患の場合にはしばしば病状が再発することがあり、その都度休職を発令することになれば、実質的にほとんど出勤していない労働者を解雇することができないという事態にもなりかねない。

そこで、就業規則上に、復職後の一定期間内に休職発令の理由となった傷病と同一または類似の傷病（精神疾患については、症状が同じでも、医師により異なる病名がつくこともある）に罹患して欠勤した場合には、休職期間に通算することができる旨についても、規定しておくことが望ましい。

【規定例】
第●条（休職期間の通算）
　社員が復職後1年以内に、同一又は類似の傷病により欠勤した場合には、当

---

[32] 伊藤忠商事事件・東京地判平25・1・31労経速2185号3頁では、総合商社の総合職としての業務は、営業職、管理系業務のいずれであっても、社内外の関係者との連携・協力が必要であり、その業務遂行には、対人折衝等の複雑な調整などにも耐え得る程度の精神状態が最低限必要とされるとして、その程度の精神状態にも回復していない労働者に対する退職扱いを適法と判断した。

> 該欠勤は休職期間に通算する。

　こうした規定があれば，たとえば休職期間を1カ月残して復職した労働者が，復職後同一または類似の傷病により欠勤し，欠勤日数が合計で1カ月になったような場合には，休職期間満了で解雇することが可能となる。なお，精神疾患で休職していた労働者が復職した場合，休職前と同様のストレスを与えると再発する危険があるため，復職した現場では相応の配慮が求められる可能性がある。そのため，復職後に休職期間満了を理由として解雇した場合，労働者から「復職後の業務において配慮が足りないから再発した」等，責任が使用者にあるかのような主張をされることがある。こうした事態に対処するためには，復職後もしばらくは，労働者の勤務状況について，上司とも協力して把握し，再発を防止するために配慮することが望ましい。

(6) 休職期間満了解雇と労働災害（労災）による解雇制限
① 解雇制限との関係

　ここまでは，労働者の疾病が，業務とは離れたいわゆる私傷病であることを前提に解説してきた。これに対し，仮に労働者が傷病に罹患した原因が業務にあるとなった場合には，休職期間満了による解雇の場合でも別途の考慮が必要となる。

　休職制度が適用されるのは，本来であれば業務外の負傷・疾病による長期休業の場合である。もっとも，業務上の災害（労災）であるかどうかを判断するのは労働基準監督署であり，使用者としても判別がつきにくい場合も多いことから，実務上は，労働者が負傷または疾病にかかって長期にわたり休業する場合には，業務上か業務外かを判断する前に，まずは休職制度を適用することが一般的である。しかしながら，休職期間が満了しても復職できず解雇された場合に，後になって，業務上の災害であることが判明した場合，労働者が業務上負傷し，または疾病にかかり療養のために休業する期間およびその後30日間は解雇することができないとされている（労働基準法19条）。その結果，休職期間満了による解雇が後になって無効と判断される可能性があるのである[33]。

② 業務上の負傷・疾病

労働基準法19条の「業務上」の負傷・疾病とは、当該労働者の業務と負傷等の結果との間に、当該業務に内在または随伴する危険が現実化したと認められるような相当因果関係が肯定されることが必要であるとされる[34]。また、精神疾患の場合には、「労働者と同種の職種において通常業務を支障なく遂行することが許容できる程度の心身の健康状態を有する平均的労働者を基準として、労働時間、仕事の質及び責任の程度等が過重であるために当該精神障害が発病させられ得る程度に強度の心理的負荷」となっている場合に、業務との相当因果関係が認められるとされている[35]。最も典型的なのは、長時間労働である。厚生労働省の「脳血管疾患及び虚血性心疾患等（負傷に起因するものを除く。）の認定基準」（平22・5・7基発0507号）によれば、

> a) 発症前1カ月の100時間超の時間外労働
> b) 2カ月前から6カ月前に1カ月あたり80時間の時間外労働

があった場合の脳血管疾患および虚血性心疾患等は業務上のものと判断される。また、「心理的負荷による精神障害の認定基準」（平23・12・26基発12261号）によれば、

> a) 発病日から起算した直前の1カ月間におおむね160時間を超える時間外労働を行った場合
> b) 発病日から起算した直前の2カ月間に1月当たりおおむね120時間以上の時間外労働を行った場合
> c) 発病直前の連続した3カ月間に、1月当たりおおむね100時間以上の時間外労働を行った場合

33　休職期間満了退職後、数年が経過してから労災と認定され、当時の解雇が無効と判断された裁判例として、アイフル（旧ライフ）事件・大阪高判平24・12・13労判1072号55頁。

34　菅野611頁、東芝（うつ病・解雇）事件第1審判決・東京地判平20・4・22労判965号5頁等。

35　社会福祉法人県民厚生会ほか事件・静岡地判平26・7・9労判1105号57頁。

には，いずれも心理的負荷が「強」であるとして，労災における業務起因性が認められるとしている[36]。さらに，長時間労働以外にも，大きな事故，新たな責任ある地位への就任，ハラスメントの被害等，業務上のさまざまな要素によってストレスがかかり，その結果疾病に罹患した場合について業務上の疾病と判断されて休職期間満了での解雇が無効と判断される可能性がある。なお，仮に労災と認定された場合には，解雇が無効と判断されるだけでなく，使用者の安全配慮義務違反（労働契約法5条）に基づく損害賠償請求が認められる可能性もある（労災認定と直接の論理的な関係はないが，事実上，労災が認定された場合には，使用者の安全配慮義務違反と損害の間の因果関係が認められやすくなる）。

③ 労災認定の可能性がある場合の解雇の留意点

前述しているとおり，労災が認定されるかどうかは，労働基準監督署が判断するものであり，使用者がただちにその判断を左右できるわけではない。また，そもそも労災申請自体，申請をするか否かも含めて労働者の判断に委ねられているため，使用者としては，労災認定が下りて解雇の無効を主張されると，これに反論する手段はほとんどない（もちろん，行政の認定が不当であるとの主張は可能であるが，行政の認定を覆すに足りる合理的な事実認定が必要であり，ハードルは高い）。

そこで，使用者の取り得る手段としては，まず解雇する前の段階で，仮に労災申請がされた場合に労災と認定されるか否かについてあらかじめ調査しておき，労災認定の可能性が高い場合には，そもそも解雇ではなく，自主退職や合意による退職を検討することが考えられる。これらは解雇ではないため，仮に労災認定が下りても退職の効力は無効とならない。

また，解雇後に労災申請がなされてしまった場合には，使用者において労災と認定されない方向の事情を探し，こうした事情についても労働基準監督署には報告しておくことは可能と考えられる。

---

36 前掲・アイフル（旧ライフ）事件は，入社後うつ病を発症するまでの3カ月間における時間外労働時間が毎月150～200時間であり，業務が原因でうつ病に罹患したとして，休職期間満了解雇後に労災認定され，解雇が無効と判断された。

(7) 解雇に至る手続に関する留意点

　ここまで，傷病や疾病を理由とする解雇に関し，解雇理由についての有効性に関する主張を検討してきた。しかし，解雇訴訟においては，理由だけでなく，解雇に至ったプロセスも非常に重要である。たとえば，受診命令に従わなかった労働者に対しては，休職を命じずに解雇することも可能となるが，だからといって，非協力的な労働者に対し，事前の通告も催促もないままただちに解雇することは，労働者に対する配慮を欠くとして無効と判断される可能性がある。

　すなわち，特に長期雇用システムが機能してきた我が国においては，解雇は最終手段であり，労働者の社会的生命を失わせかねない重大な措置であると考える傾向が強い。そのため，労働者を解雇するに際しては，単に解雇の要件が整っているだけでは足りず，使用者としてやるべきことをすべて尽くしたうえで解雇せよ，との無言の圧力を感じることが多い。そこで，たとえば労働者が診断書を提出しなかったり，使用者による受診の指示にも従わないような場合であっても，何の前触れもなく突然解雇するのではなく，説得し，（指示に従わなければ解雇の可能性もあるとの）予告をし，労働者に不利益な情報も十分に提供したうえで，それでも指示に従わないような場合に，初めて次のステップに進むというプロセスを経る必要がある。こうしたプロセスを踏んだうえで解雇しているという事情は，解雇の有効性を判断する際にも，重要な要素となっている。

　また，冒頭で述べているとおり，労働事件においては，訴訟に至ること自体が問題であり，できる限り訴訟を回避することが望ましいが，このような丁寧なプロセスを踏むことは，労働者の納得を得られやすく，結果として解雇することになったとしても，訴訟等の紛争に発展しない可能性が高まる。こうした観点からも，労働者を解雇するためには，ある程度時間と手間をかけて行うことが，結果として使用者にとっても有利に働くことになると考えられる。

　特に前記のとおり，私傷病による休職期間満了を理由とする解雇と，業務上の災害と認定された場合の解雇では，使用者に与える効果が全く異なってくるため，使用者としては，労働者が欠勤を開始した時点で，長時間労働やハラスメントの存在など，労災と認定される要素の有無について精査し，労災と認定

される可能性が否定できない場合には，休職期間満了での解雇ではなく，合意による退職を検討したり，解雇する場合であっても，労働者との間で丁寧にコミュニケーションを取ることで，訴訟リスクを少しでも減らしておくことが望ましい。

2 職務能力・成績・適格性の欠如，あるいは欠勤，遅刻・早退，勤務態度不良等の職務怠慢を理由とする解雇

(1) 概　　要

　労働者は労働契約に基づき，賃金に見合った適正な労働を提供する義務を負うことから，職務能力・成績・適格性の欠如（能力不足等）は労務提供義務の不完全履行とされ，解雇事由となる[37]。また，欠勤，遅刻・早退，勤務態度不良等の職務怠慢は，労働の遂行状況が不適切であることを意味し，これもまた労務提供義務の不完全履行と評価され，解雇事由となる。

　ただし，前述した将来的予測の原則からすれば，能力不足等を理由に労働者を解雇する場合には，かかる能力不足等が労働契約の継続を期待しがたいほど重大なものである必要がある[38]。さらに，最終的手段の原則により，配転・降格等によって当該労働者の能力を活用する余地があれば，それらの措置によって雇用を継続する努力が求められる。

　次に，実務においては，何をもって労務提供義務の不完全履行というかについては，労使の価値観の違いから紛争になりやすい。さらにいえば，こうした職務能力の欠如や職務怠慢等を理由とする解雇は，通常1つの事実だけを解雇事由とするものではなく，多くの事実の積み重ねの結果，「職務能力がない」

---

[37] 土田666頁。
[38] ある裁判例によれば，長期雇用を前提とする一般的な日本企業においては，単に当該労働者の成績が不良というだけでは足りず，それが企業経営に支障を生ずるなどして企業から排斥すべき程度に達していることを要する（エース損害保険事件・東京地決平13・8・10労判820号74頁）としており，かつ，これが裁判所の典型的な判断態度であるとされる（菅野743頁）。

「職務怠慢」と判断していることがほとんどである。そのため，実務において職務能力の欠如等を理由に解雇する場合には，いかに多くの事実を説得的に積み重ねられるかが重要となる。

そこで，労働者から解雇無効訴訟が提起された場合，使用者が主張立証すべき解雇の有効性に関する事実としては，(ア)①職務能力の欠如や②職務怠慢の事実と，(イ)(ア)について，使用者として労働者の問題点を改善すべく努力したが困難だったという解雇の相当性の2点が問題となる。

(2) 職務能力欠如・職務怠慢の事実

① 職務能力の欠如・成績不良

職務能力が欠如していたり，成績が不良であることを理由に労働者を解雇し，労働者がその解雇の無効を主張してきた場合，まず争点になるのは，「職務能力の欠如・成績不良」の事実が存在するかどうかという点である。使用者としては，職務能力が欠如し，成績が不良であることを示す事実を主張する必要があるが，「欠如」「不良」には評価が含まれるため，ときとして労使の間に認識の違いが生じることもあり，簡単ではない。

(a) 評価制度における低評価

労働者に対する評価が低いという事実は，労働者の職務能力が低いことを端的に示す事実といえる。しかし，評価が相対評価である場合には，評価が低かったとしても，全体から見て低いことを示すにすぎないし，絶対評価であったとしても，通常は，評価が低いことは降級・降格の事由となるにとどまり，ただちに解雇に値するほど勤務成績が悪いことを意味するわけではない（さらに言えば，評価において，評価者の主観を完全に排除することは難しいから，客観的に公正な評価といえるかどうかについてはしばしば争いになるところである）。セガ・エンタープライゼス事件・東京地決平11・10・15労判770号34頁では，労働者の評価が下から10％に位置すると判断されたことについて，労働者が「平均的な程度には達していなかった」ことは認めたものの，絶対評価ではなかったことを理由に，「直ちに労働能率が著しく劣り，向上の見込みがないということはできない」として解雇を無効と判断した。

上記判示を前提とすれば，労働者の職務能力が低いことを裏付けるためには，

評価が低いことだけでは不十分であり，評価の基礎となった事実が，職務能力の低さを裏付けるものであることが必要である。

(b) **具体的な事実**

前述したように，抽象的に評価が悪いというだけでは，解雇の有効性を裏付ける主張としては不十分であるため，職務能力が低いことを示す事実を具体的に主張する必要がある。

(i) **使用者が指示した業務内容**

一般的に職務能力の欠如を理由とする解雇が困難とされる理由は，職務を限定していない労働契約においては，労働者に求められる職務能力の定義が困難であるためである。もともと職務能力のノルマが定まっていなかったのであれば，これに違反したと主張することも困難である。そこで，労働者の職務能力の欠如を主張するに際しては，まず，使用者として労働者に対して「どのような業務を指示していたのか」について，できる限り明確に示すことが重要となる。具体的には，社内規程の内容はもちろん，設定された組織上または個人に対する目標やノルマ，日頃の管理者の言動，労働者に対するコミュニケーション，社内研修，他の労働者への懲戒事案等などによって立証することになるであろう。また，後述するとおり，仮に採用時に特段の能力があることを条件としていたような場合には，採用時のやりとりについて主張することも考えられる。

(ii) **労働者の指示違反**

使用者は，指示した業務内容を明確に主張したうえで，さらに労働者がこれに違反した事実を主張する必要がある。

もっとも職務能力の欠如や職務怠慢といった評価は，一つ問題を起こしただけで下されることは少なく，通常は日々の業務の中での小さな問題が徐々に積み重なっていくものである。たとえば，ゴールドマン・サックス・ジャパン・リミテッド事件・東京地判平10・12・25労経速1701号3頁では，使用者は，昇給額を記載した書面を秘密情報用の封筒に入れるべきところを一般封筒に入れた，外国人の同僚の外国人登録証のコピーを紛失した，入力可能となっていたデータ入力を怠った，コンピュータの入力ミスがあった等，一つひとつは些細なミスを34個にわたって列挙して解雇理由としたところ，裁判所は，そのすべ

てを事実として認定したわけではなく，また個々的には解雇に値するほど重大なものとはいえないが，総合すれば，勤務成績，勤務状況は不良であったと言わざるを得ないとして，解雇を有効と判断した。

しかし，実務上，この事件のように詳細な問題行動について逐一主張立証することは容易ではない（労働者の業務を管理する上司にしても，日々の業務で労働者がどのようなミスを犯し，このミスに対しどのような注意・指導を行ったか，逐一記憶していることは少ないであろう）。実際には，数ある問題行動の中で，印象に強いものや，問題性が大きいもの（使用者ではない第三者のクレームがあった場合などは，比較的問題行動として把握しやすい[39]）をピックアップして主張し，合わせて補足的に日々の問題点について指摘するケースが多い。

職務能力についても同様であり，たとえばノルマが設定されている場合には，設定されていたノルマを下回っていることを数値や評価にて示す必要がある。

【職務能力が低いと認定された裁判例】

裁判例	判　旨
日水コン事件・東京地判平15・12・22労判871号91頁	システムエンジニアとして採用された労働者が，平成5年2月ころに，プログラムの機能確認を担当したが，検収後に，システムの内容が機能しないことが明らかになったこと，平成5年3月から担当したシステム改善業務において，通常の経験者であれば6カ月で終了させることができるのに，当該労働者は4年かかったこと等，勤務成績が疑わしいことを示す具体的な事実が認定された結果，解雇が有効と判断された。
日本ヒューレット・パッカード事件・東京高判25・3・21労判1073号5頁	労働者が，保守部品のプライスリストを自身にしか理解できないような状態にしたうえ，誤情報の記入を行ったこと，ウェブのシステム移行作業の遅延，残業削減指示無視，業務命令違反等を起こしたため，使用者では上司による日常的な指導や人事評価制度に基づく改善指導を行ったが，改善が見られなかったことを理由に行った解雇が有効と判断された。

39　A病院（医師・解雇）事件・福井地判平21・4・22労判985号23頁では，患者やその家族等使用者にとってのいわば顧客とのトラブルを具体的に主張している。

以上のことからすれば，使用者は，労働者の職務能力が低いことを裏付ける具体的な事実として，指示の内容や難易度，通常期待される成果，これに対する当該労働者の成果等について，具体的に主張立証する必要があると考えられる。この場合の立証方法としては，評価については人事評価制度と評価シートということになるが，成果物については，当該労働者が提出した成果物だけでなく，比較対象として同僚の成果物も提出できるとよい。また期限等については，期限を知らせるメールや，期限直前の催促メール，期限経過後の催促メールなどがあるとよい。ただ，労働者の問題となる行動が日常的に行われている場合には逐一記録していないことがむしろ通常であり，客観的な資料がそろわないことも多い。その場合には，上司や同僚の証言を基本に，その証言内容を，直接裏付けられないまでも，間接的に裏付けられるような資料等をもって証言の信用性を補強していくことになる。

② 欠勤，遅刻・早退や勤務態度不良等の職務怠慢
　(a) 欠勤，遅刻・早退

　労働者は，フレックスタイムや裁量労働制等一部の例外を除き，原則として就業規則に定められた始業時間から終業時間まで勤務する義務を負っている。もちろん，病気等による欠勤・遅刻・早退は正当な理由のある欠勤等といえるが（ただし，これが長期にわたる場合には，前項で述べた身体的・精神的障害を理由とする解雇につながることがある），そのようなやむを得ない理由のない欠勤・遅刻・早退（たとえば，寝坊して遅刻した等）は，いわば労働者の労務提供義務の不完全履行となる。もっとも，こうした遅刻や欠勤は，通常は断続的に行われ，一つひとつの行為としては小さいため，1回欠勤したから，1回遅刻したからといって解雇できるわけではない。前掲・高知放送事件は，ラジオのアナウンサーが，2回にわたり寝過ごし，朝のラジオニュースを放送できなかったことを理由として解雇したのに対し，「同一態様に基づき2週間内に二度も同様の事故を起こしたことは，アナウンサーとしての責任感に欠け」ると判示している（ただし，解雇は重過ぎると判断した）。また，東京海上火災保険事件・東京地判平12・7・28労判797号65頁では，労働者が，傷病欠勤が非常に多く，その総日数が解雇前直近5年間のうち，2年4カ月に及び，長期欠勤明けの出勤にも消極的であり，出勤しても遅刻が多かったことについて，

労働能率が著しく低いと判示し、解雇を有効と判断した。

したがって、使用者が労働者の欠勤等の勤怠を理由に解雇する場合には、ある程度欠勤・遅刻・早退が積み重なっていることを主張立証する必要がある。この点、使用者は通常労働者の時間管理を行っているから、こうした欠勤や遅刻・早退の事実の立証はそこまで難しくないと考えられる。しかし、欠勤等の理由については、その都度労働者本人からヒアリングし、記録を取っておかないと、立証することが難しくなる。

(b) 勤務態度不良

上記のとおり労働者は、誠実に労務を提供する義務を負っているから、使用者の指揮命令に誠実に従うことは当然の前提である。また、一般に企業においては多数の労働者が組織を形成して事業を行っており、一体として生産性を高めていくためには、労働者間が相互に協力することが必須といえる。したがって、労働者が、周囲の他の労働者と協調し、生産性を高めていくことも、労働者の義務に含まれる。したがって、上司の指示に反抗したり、周囲と協調できない場合には、解雇事由となり得る。

もっとも、こうした指示の拒否や協調性の欠如といった事実は、前項の職務能力の欠如・成績不良あるいは欠勤・遅刻・早退といった事実よりもさらに抽象的であり、かつ日々の事実の積み重ねの結果、評価されることが多い。そのため、反抗的態度や協調性欠如が単独で解雇事由となることは少なく、むしろ、勤務成績が不良となる背景事情として、反抗的態度や協調性の欠如を主張する等、複合的な事情の一つとして主張されることが多い。その点では、解雇の有効性の判断については、勤務成績不良と合わせて、総合的に検討する必要があるだろう。

【事実認定の例】

裁判例	事案の概要	判　示
日水コン事件・東京地判平15・12・22労判871号91頁	勤務成績が悪い労働者に対し、上司が注意指導しても、当該労働者は、「あなたに言われる筋合いはない」などと反抗的な態度を示していた。	解雇を有効と判断した。

セコム損害保険事件・東京地判平19・9・14労判947号35頁	労働者が入社当初から，上司の資質を問うようなメールを送信する等周囲への批判を繰り返し，職場の同僚とも対立関係になってしまった。	「労働契約という信頼関係は採用当初から成り立っておらず，回復困難な程度に破壊されている」と判示し，解雇を有効と判断した。
三菱電機エンジニアリング事件・神戸地判平21・1・30労判984号74頁	労働者がマニュアル等を別の建物に取りに行くのを「疲れた」「体調不良」という理由で拒否したり，納入期限を知りながら期限になっても作業を行わなかったりしたほか，業務週報に所定の書式を使用しなかったこと，朝礼の安全唱和の際，「頑張って働いて体を壊そう」などと発言したこと等を理由に出勤停止の懲戒処分に処せられる等，使用者の指示に従おうとしなかった。	解雇を有効と判断した。

(3) 解雇の相当性

　長らく終身雇用制が採用され，労働力の流動性が低かった我が国の人事制度の下では，仮に上記のように職務能力や成績が悪い事実や職務怠慢の事実が判明しても，そのことがただちに解雇するだけの相当性があるとは判断されない。前掲・エース損害保険事件では，使用者が労働者を未経験の職務に配転し，配転先での業績が低かったことを理由に解雇したのに対し，裁判所は，長期雇用システム下で定年まで勤務を続けていく前提の下で勤務成績不良の解雇の有効性を判断するためには，「<u>単なる成績不良ではなく，企業経営や運営に現に支障・損害を生じ又は重大な損害を生じる恐れがあり，企業から排除しなければならない程度に至っていることを要し，かつ，その他，是正のため注意し反省を促したにもかかわらず，改善されないなど今後の改善の見込みもないこと，使用者の不当な人事により労働者の反発を招いたなどの労働者に宥恕すべき事情がないこと，配転や降格ができない企業事情があることなど</u>」も考慮すべきと判示し，支給している給料に比べて作業効率が悪いというだけで解雇するこ

とは許容されないとして、解雇を無効と判断した。また、前掲・セガ・エンタープライゼス事件でも、裁判所は、解雇が有効であるためには「平均的な水準に達していないというだけでは不十分であり、<u>著しく労働能率が劣り、しかも向上の見込みがないときでなければならないというべきである</u>」と判示し、当該労働者の能力が他よりも劣ることは認めたものの、評価が相対評価であることなどから、さらに体系的な教育、指導を実施することによって、その労働能率の向上を図る余地もあるとして、解雇を無効と判断している。

このように、勤務成績不良や勤怠、協調性の欠如を理由とする解雇の有効性を主張するためには、勤務成績が悪いという事実だけでなく、「改善の見込みがないか」「使用者が改善に向けて努力していたか」「使用者の改善指導に対して労働者が真摯に取り組もうとしていたか」といった点についても主張立証する必要がある（将来的予測の原則および最終的手段の原則）。過去の裁判例で考慮された主な要素としては、以下のものがある。

① 注意・指導

労働者のミスやトラブルに対し、改善のために上司が注意・指導を行ったという事実は、労働者に対する改善の機会の付与という点で最も基本的な要素であり、ミスやトラブルに対し、注意もせずに解雇した場合には無効と判断される可能性が高い。また、上司の注意・指導にもかかわらず労働者が改善せず、再度ミスを犯した場合でも、ただちに解雇するのではなく、徐々に注意・指導のレベルを上げていきながら、引き続き改善のための注意・指導を行っていく必要がある。極めて重大なミスを犯したのであればともかく、日常的なミスを1つ犯しただけでは、解雇するだけの相当性があるとはいえないと判断される可能性が高い。

注意・指導は、一般的には、最初は教育、次に指導、それでも改善しなければ注意、警告といった段階を踏んでいくことになるため、解雇訴訟でもこの経過を主張することになる。また、注意・指導の方法も、最初は口頭で行われることが多いと思うが、それでも改善が見られない場合には、書面で「注意書」「警告書」などを交付することもある。たとえば、前掲・日水コン事件では、使用者から労働者に対して、指摘事項を真摯に受け止めること、これが最後の機会であること等を記載した書面を作成し、労働者が書面の内容が記載された

議事録に署名押印していた。また，日本エマソン事件・東京地判平11・12・5労経速1759号3頁では，労働者に，「日常勤務について」55項目，「業務執行について」99項目の注意事項を記載した誓約書に署名してもらっている。このような書面は，労働者の問題となった事項およびそれに対する注意・指導の内容を記載することで，問題行動の事実と改善指導の事実の両方について客観的な証拠とすることができる点において有用であるから，成績不良や勤務態度不良で解雇する前には，少なくとも1回は書面にこれまでの問題行動および改善指導する内容を記載した書面を労働者に交付しておくべきである。

なお，こうした注意・指導は，労働者が問題となる行動を起こした後に速やかに行う必要がある。問題行動を起こしたにもかかわらずこれを放置すれば，当該労働者および他の労働者のモラルハザードを生じさせることになりかねない。また，後になって問題視しても，「当時特に注意を受けることはなかった」など，使用者がこの問題行動を黙認していたといった反論を受け，解雇の相当性にも影響を与えることとなるからである。また，問題行動について注意・指導を行うのであれば，同じことを行っている他の労働者に対しても，同じように注意・指導を行わなければ，公平性を失する。北沢産業事件・東京地判平19・9・18労判947号23頁では，使用者が，業務に関するデータの無断消去，業務に関するデータや引継ぎについての虚偽報告，上司に対する名誉棄損，他の社員への誹謗中傷，私用メール等を理由に労働者を解雇したのに対し，裁判所は，私用メールについては，就業時間内に世間話，同僚のうわさ話など業務と関係のない会話をすることは世間で一般に行われるとして，解雇事由とは認められないと判示し，またその他の事実として認められる解雇事由についても，使用者が解雇から1年以上前に把握していた事実であって，その間，使用者から労働者に対する事情聴取や口頭による注意もされていないことから，使用者が行為の発覚当時，どれだけ問題視していたかは疑わしいとして，解雇を無効と判断した。

② 改善プログラム

職務能力・成績が悪い労働者に対して，改善プログラム（Performance Improvement Plan＝PIPということもある）を実施し，改善プログラムをクリアできなかったとして解雇した場合，この改善プログラムの実施も，労働者に

対する改善の機会の付与の事情の一つとして主張することができる。前掲・日本ヒューレット・パッカード（解雇）事件では，使用者が5年にわたり改善プログラムを実施していたことに加え，複数の上司による日常的な指導があったことをもって，労働者の業務能力，勤務態度上の問題の改善を試みてきたと評価している。

　もっとも，改善プログラムについても，ただ実施したという主張をするだけでは不十分である。前掲・ブルームバーグ・エル・ピー事件・東京高判平25・4・24労判1074号76頁では，労働者に対し，使用者が複数回にわたりPIPを実施したが，目標達成には至らなかったため解雇したのに対し，裁判所は，PIPにおいても，（達成はできなかったものの）目標に近い数字を達成するなど，改善を指向する態度が見られたことを理由に解雇を無効と判断している。つまり，PIPについても，達成の有無だけではなく，達成の程度やプログラムに取り組む姿勢等，実質的な側面から，改善の見込みがないことを主張していく必要がある。

③　面　　談

　上司がその都度注意・指導を行っていたにもかかわらず，労働者に改善が見られなかった場合に，上司だけでなく，それより上の人事部門の責任者等が，労働者と面談を行い，より強い指導を実施することもあり，これも改善の機会を付与した事実として主張することになる。前掲・日水コン事件においては，使用者は2回にわたって面談を実施し，労働者に対して勤務成績が悪いことを伝えるとともに，改善のためにどのように対応すべきか話し，面談の場では当該労働者も了解していたという事実が評価されている。

　なお，こうした面談については，何回行えばよいといった指標があるわけではないが，何回か面談で指導を繰り返してもなお改善が見られず，使用者として解雇せざるを得ない状況になった場合においても，なお，面談を実施し，「最後のチャンス」であることを伝え，期間を定めて改善の状況を見ると伝えることは，労働者の奮起を促す，改善の最後の機会の付与として意味があると思われる。

【「最後のチャンス」の付与事例】

裁判例	内　　容
日水コン事件・東京地判平15・12・22労判871号91頁	2回目の面談において，「再評価の機会はこれが最後であり，いかなる理由があろうとも三度目はない」として，真剣に取り組んでもらいたいと労働者に伝え，当該労働者も了解したが改善が見られなかったため解雇したという事案で，解雇が有効と判断された。
日本エマソン事件・東京地判平11・12・5労経連1759号3頁	面談したうえで，再度反省・改善の機会を与えるため，3カ月の観察期間を置き，さらに3カ月延長したが改善が見られなかったため解雇したという事案で，解雇が有効と判断された。
トムの庭事件・東京地判平21・4・16労判985号42頁	面談において当該労働者が，「1からやり直したいのでチャンスが欲しい」と言ったため，3カ月の期間を区切って最後のチャンスを与えたが，それでも改善が見られず解雇したという事案で，解雇が有効と判断された。
日本ストレージ・テクノロジー事件・東京地判平18・3・14労経速1934号12頁	物流専門職として中途採用した労働者が商品の欠品や各種書類の提出遅延を繰り返し，関係部署や顧客から苦情が来たうえ，上司の注意・指導にもかかわらず改善が見られなかったことから，「最後のチャンス」と伝えたうえで配置転換を行ったが，配転先においても状況に改善が見られなかったため，使用者が解雇した事案で，解雇が有効と判断された。

④　配置転換

　我が国における一般的な人事制度では，使用者は，正社員に対し，広範な人事裁量権を有し，その職務や勤務地を，裁量権の濫用とならない限り変更することができる。勤務成績不良を理由とする解雇において，使用者が広い配転命令権を有するということは，改善の一環として，配置転換を行うべきとする要請に結びつきやすい。すなわち，労働者が特定の業務において適性が認められなくても，配置転換によって他の業務において成績を向上させることができるのであれば，解雇しないで雇用を維持できることになるからである。そこで，勤務成績不良を理由とする解雇では，解雇前に配置転換を行ったという事実も，解雇の有効性を裏付ける事情といえる。

　前掲・日水コン事件においては，使用者は教育・指導の機会を付与すべく，

労働者を配置転換してさらに指導を継続したが，改善が見られなかったため解雇に至っている。

⑤　降格・降給

　我が国の長期雇用システム下における賃金制度としては，職能資格等級制度が多く採用され，勤続が長くなればなるほど昇格・昇給していき，勤務成績が悪いからといって，降格・降給が実施されることはあまり見られなかった。しかし，最近では，成果主義賃金の考え方を加味し，勤務成績が悪い場合には，降格・降給できる人事制度を導入し，実際に降格・降給を実施する企業も増えてきている。前述したとおり，我が国においては，解雇はいわば最後の手段であると考えられているから，解雇する前にまず降格・降給を実施し，能力に見合った職位・等級において業務に従事させることは，解雇の回避につながるし，それでも職務能力・成績の向上が見られず解雇する場合でも，適切な手続を踏んだうえで解雇したと評価されるといえるため，勤務成績や勤務態度の不良を理由とする解雇においては，解雇の前段階としての降格・降給の事実も主張すべきである。

　前掲・トムの庭事件では，美容室の店長だった労働者をテクニカルリーダー，さらにはアシスタントに降格して指導したにもかかわらず，当該労働者に改善が見られなかったことを，解雇を有効とする判断の要素としている。また，前掲・日本ヒューレット・パッカード事件も，労働者を解雇する前に降格を実施した事案であり，結論として解雇が有効と判断されている。なお，降格・降給を実施する場合には，それが使用者の人事制度に則って適切に実施されていることが前提である。したがって，降格・降給について主張する際には，降格・降給の事実だけでなく，降格・降給の手続が適正に行われているか，降格・降給の程度として適切な範囲にとどまっているかについても確認したうえで主張すべきである。

⑥　労働者の改善に向けた姿勢

　以上のような使用者の改善の機会の付与に対し，労働者がどのように対応したかも，重要な主張の要素となる。もちろん，使用者が与えた改善の機会が多ければ多いほど，労働者に改善が見られなかったという事実は明らかであるし，その後の評価等において，改善状況を判断することは一定程度は可能であろう。

しかしながら、労働者が使用者の改善指導に対して真摯に取り組んだのか、それとも自己の主張の正当性を声高に主張し、使用者に対して反抗的な態度を取ったのかといった取組み姿勢については、ただちに客観的な資料には現れないところであるので、上司等のヒアリングをしたうえで主張することが望ましい。

⑦ 改善の機会の頻度・回数

前述したとおり、労働者に対してどのくらい改善の機会を付与すればよいかという点に関する明確な基準はない。一般的には、機会を付与する回数が多ければ多いほど、使用者が努力したことを裏付けることができるため、使用者としてはできる限り多くの事実を主張することが望ましい。

しかしながら、こうした勤務成績の欠如や勤務態度の不良を理由とする解雇において改善の機会の付与が必要となるのは、「これ以上指導しても向上が見込めない」と判断するためであるから、仮に改善の機会をさほど与えずに解雇してしまった場合でも、事案によって向上が見込めないと判断できるような場合であれば、解雇の有効性を主張することが可能である。

(a) **専門性や特殊なスキル等を期待して採用された労働者に対する改善の機会の付与**

これまで説明してきた考慮要素は、使用者が内部において広範な人事裁量権を有し、いわゆる正社員の労働者を職種の限定なく配置転換させることができる代わりに、職務能力が低かったり成績が悪かったりしてもただちに解雇しないという日本の長期雇用システムの下で形成されてきたものである。しかし現在の労働市場においては、特定のスキルやマネジメントの実績を買われ、職務を限定した雇用契約を締結する労働者も増えている。この点、専門的な知識やノウハウを有しているスペシャリストであることを期待して労働契約を締結したとしても、ただちに他の一般職に比べて解雇が容易になるわけではない[40]（前掲・日本エマソン事件も、労働者のシステムエンジニアとしての技術・能力を評価し、相当高額な給与で採用した事案であるが、前述のような指導の繰

---

[40] 菅野744頁は、「裁判例を全体として見た場合には、長期雇用慣行下に形成されてきた解雇権濫用法理の判断基準・傾向を、転職市場に依拠して人材の調達・調整をする企業にも及ぼしている」と述べている。

り返し，面談，誓約書の提出，観察期間の設置等を踏まえて解雇した結果，有効と判断されている)。

　しかし，他方でヒロセ電機事件・東京地判平14・10・22労判838号15頁は，労働者の海外勤務歴に着目し，業務上必要な日英の語学力や品質管理能力を備えた即戦力として中途採用した労働者が，日本語の読み書きができず英語能力や品質管理業務にも問題があったため解雇されたのに対し，本件が，使用者が当該労働者を日英の語学力，品質管理能力を備えた即戦力となる人材であると判断して採用し，当該労働者もそのことを理解していたとし，長期雇用を前提とし新卒採用する場合と異なるとして，解雇を有効と判断した。また，プラウドフットジャパン事件・東京地判平12・4・26労判789号21頁も，インスタレーション・スペシャリスト（IS）として中途採用された労働者が，入社後1年半の間，ISとして求められる能力や適格性の点においていまだ平均に達していなかったとして使用者が行った解雇を有効と判断している。

　同じことは配置転換についてもいえる。前掲・ヒロセ電機事件においても，裁判所は，専門的な能力を備えた人材として採用されている以上，「適性がない場合に受付や雑用など全く異なる部署に配転を検討すべき場合ではない」として，配置転換の必要性を否定している。また，朝日新聞社事件・大阪地判平13・3・30労経速1774号3頁は，使用者が，複数の患者から苦情を寄せられ，また診療報酬を不正請求した歯科医師を解雇したのに対し，「歯科医師という専門職として被告に雇用され他の職場へ配置転換することができないこと」も総合考慮し，解雇をもって対処することは社会通念上相当性を欠くものではないと判断している。

　以上のとおり，専門性の高い知識やノウハウを買われて採用した労働者に対して改善の機会を付与する必要性は，いわゆる正社員と比較して低く考えられる傾向にあるため，訴訟においても，特に中途採用者を解雇する場合には，当該労働者に対して期待していた能力，ノウハウ，専門性，実績等についても主張し，改善の機会の付与の必要性を逓減させるよう努めるべきである。もっとも，前掲・プラウドフットジャパン事件でも，使用者が，別の職務を提供して雇用を継続しようとする提案をしたことが，解雇を有効と判断する要素の一つとしてあげられていることからすれば，専門性を期待して採用した労働者が期

待通りの能力を有していなかった場合に，他の職種への異動を提案することは，他のいわゆる正社員同様，解雇を有効と判断する要素の一つになると考えられる。

(b) **勤続が長期にわたる者，上位職に対する改善の機会**

労働者が同じ職場に長期間在籍していることは，使用者における職場のルールをよく理解していること，ひいてはそのルールに当然従うべきことを示唆するといえるし，役職が上位であることは，部下の労働者の模範となるべく，自らを律することが当然に求められている。前掲・A病院（医師・解雇）事件では，労働者が服務規律違反を繰り返し，また複数の患者やその家族とのトラブル，不必要な検査の実施，処方の無断変更を行ったことを理由に，使用者が当該労働者を解雇したのに対し，裁判所は，当該労働者の勤続が14年と長く，院長に次ぐ地位について相当高額な報酬を受けていたことから，「他の医師が職員らを指導しその模範となるべき立場にあり，その立場を踏まえて自己研さんに努め，自分自身で行動を律することを求められていた」と判示し，当該使用者からの具体的な注意・指導があまり行われなかったことを重視するのは相当ではないとして，解雇を有効と判断した。また，東京高判平27・5・12判例集未登載は，前職で21年にわたり地方銀行に勤務したうえで使用者に転職してきた労働者について，「相応の経験を有する社会人として，自身で行動を規律すべき立場にあった」と判示し，使用者が労働者のコミュニケーションの問題について具体的な注意および指導を行っていなかったとしても，これを重視すべきでないと判示している。

(c) **問題行動の原因が労働者の意図的な行動に基づく場合の改善の機会付与**

小野リース事件・最判平22・5・25労判1085号5頁は，飲酒癖があり，酒に酔った状態で出勤したり，勤務中に居眠りしたり，部下を連れて温泉施設で昼間から飲酒をしたりしていた労働者を解雇した事案である。控訴審は，解雇以外の方法を講じて勤務態度の改善を図る機会を与えていないとして解雇を無効と判断したのに対し，最高裁は，上記の事実自体が，使用者の正常な職場機能，秩序を乱す程度のものであり，労働者が自ら勤務態度を改める見込みも乏しかったとして，解雇が，懲戒処分などの解雇以外の方法を採ることなくされた

としても，解雇は有効と判断している。もちろん，このような場合に，使用者が勤務態度の改善を促したとしても不利益に取り扱われることはないが，飲酒癖のように労働者の意図的な行為に基づくものについては，使用者が改善指導するといっても限度があるから，最高裁の判断は妥当である。また，実務上も，仮に前述したような改善の機会の付与が不十分なまま解雇してしまったケースであっても，そこには，使用者として，当該労働者をこれ以上在籍し続けられないと考えた理由があるはずであるから，その理由に照らし，改善の機会を与えずに解雇せざるを得なかった事情を主張していくことが望ましい。

(4) 解雇に至るまでのプロセスの主張

前述したとおり，一般に労働者の勤務成績の不良や勤怠・勤務態度の不良という事実は，一つひとつの問題は大きなものではないが，それが徐々に積み重なり，ときには退職勧奨をしたものの応じなかったりした結果，最終的に解雇に至るものである。したがって，労働者が解雇の無効を求める訴訟を提起してきた場合の主張の仕方としても，基本的には時系列に，起きた出来事を順を追って主張したほうが，裁判所としても理解しやすいのではないかと思われる。もっとも，面談においてパワハラのような言動を行ったり，退職勧奨の場においても退職を強要するような言動があった場合には，むしろ逆効果となるため，主張する前には，やりとりの内容だけでなく，どのような言い方をしたのかといった点についても確認したうえで行うべきである[41]。

(5) 立証上の留意点

前述したとおり，勤務成績の不良や勤怠・勤務態度の不良の事実を立証するためには，具体的な事実関係を立証することが不可欠である。しかし，こうした「仕事ができない」「反抗的な態度」といった事実は，日常業務の中で毎日のように発生しているため，使用者としても，懲戒処分等をすることもなく，都度注意はしていても口頭で済ませており，記録も残っていないということが

---

41 下関商業高校事件・最判昭55・7・10判タ434号172号は，3〜4カ月の間に12〜13回面談し，少ないときでも20分，長いときは1時間にわたって退職を勧めたことについて，退職を強要したと判示している。

しばしば見られる。ときには，ふとしたトラブルをきっかけとして「我慢の限界」を超え，解雇に至るということもある。こうした場合には，客観的に過去の問題点を立証する証拠は残っておらず，上司等関係者の記憶に基づいた証言に頼らざるを得ないケースが多い。しかし，関係者の証言について，いざ解雇の有効性を主張する段になって集めようとしても，あまりに過去の事実は記憶自体がないこともあるし，記憶が誤っている可能性もある。こうした点を労働者側から追及されると，労働者の問題となる言動自体の立証が困難となり，解雇が有効と判断されなくなる可能性が高くなってしまう。

そこで，日ごろから問題行動を起こす社員に対しては，問題点をその都度指摘して注意・指導するだけでなく，これを書面化・証拠化することで，最終的に解雇して争われた場合でも正確な事情を明確に主張できるようにしておくことが望ましい。もちろん，最初は口頭で注意するにとどめることが多いと思われるが，一定程度継続性が見られたり，同じようなミスを何度も繰り返したりしているような場合には，ミスの内容やそれに対する注意について，記録しておくことが有用と考えられる。さらに，ある程度問題行動が積み重なった段階で，「注意書」「指導書」等を作成し，これまでの問題行動を具体的に（いわゆる５Ｗ１Ｈを明確にして）記載し，今後はこうしたことがないよう，改善を促すことも考えられる。この場合には，問題行動の記録だけでなく，改善の機会を付与したこと自体も証拠化できるため，便宜である。さらには電子メール等，客観的な記録が残る電子的な手段を用いて注意していれば，これも証拠として提出することが可能である。

また，面談等労働者本人とやりとりをする場合には，録音しておくことをお勧めする。これは，一つには客観的な記録を残しておくことにあるが，もう一つは，労働者に対する対抗である。すなわち，最近ではスマートフォンなどで手軽に録音することが可能であるため，こうした面談においては労働者が秘密裏に録音していることが多い。これに対し使用者側が録音していないと，後で面談記録について使用者に不利な事実を主張されたとしても，その内容を確認することができず，結局有効な反論ができない可能性があるからである。なお，録音する場合に，労働者に知らせるか否かについては慎重な検討を要する。録音することを労働者に明らかにすると，労働者も慎重になり，本音での話合い

(6) 試用期間と解雇
① 試用期間の内容・性質

法律上,設置が義務付けられているわけではないが,多くの企業では,入社後の一定期間を「試用期間」とすると規定している。これは,入社後の試用期間中に,使用者が労働者に適性がないと判断した場合には,使用者は労働者を解雇できるという制度である。試用期間の長さは,3カ月程度から6カ月程度が多い。

試用期間を設ける趣旨は,採否決定の当初においては,労働者の資質,性格,能力その他労働者の適格性の有無に関連する事項について,必要な調査を行い,適切な判定資料を十分に収集することができないため,後日における調査や観察に基づく最終的決定を留保する趣旨でされるものと解される[42]。したがって,試用期間中あるいは試用期間満了時に本採用拒否した場合も法的には解雇であり,労働者が争ってくる可能性がある。

② 留保解約権の行使の要件

試用期間中の使用者と労働者の関係は,上記の趣旨を踏まえ,解約権留保付労働契約であるとされる。この留保解約権の行使も,雇入れ後の解雇であることには変わりないが,入社当初に適性性を判断するためのものである以上,通常の解雇と全く同一に論じることはできず,留保解約権の行使による解雇は,通常の解雇よりも広い範囲での解雇の自由が認められるべきとされている。ただし,具体的な要件としては,客観的に合理的な理由と社会通念上の相当性が求められ[43],形式上の要件は通常の解雇と全く変わらない。したがって,どの範囲であれば試用期間中の解雇が認められるかについては,通常の解雇と同様明白な基準はなく,結局はケースバイケースで判断していくほかない。

---

[42] 三菱樹脂事件・最判昭48・12・12民集27巻11号1536頁。
[43] 三菱樹脂事件・最判昭48・12・12民集27巻11号1536頁。

③ 本採用拒否（解雇）に関する主張上の留意点

　試用期間で本採用を拒否する場合は，通常は「適格性」がないなどと規定されていることが多いが，その内実は，前述した労働者の成績不良・勤務態度不良における主張立証と同じである。したがって，前述したのと同様，成績不良となる事実や勤務態度が悪いことを示す事実，および使用者として改善の機会を付与してきたが改善が見られなかったという事実を主張することになる。

　もっとも，試用期間は3カ月から6カ月程度と短期間であるため，それに応じた配慮は必要である。この点，勤務成績不良の事実については，まだ入社したての大卒新人はもちろん，通常の中途採用の社員であっても，入社してただちに業績を上げられるとは限らないため，成績が悪いとしても，そのことをどこまで評価できるかについては，慎重に検討する必要がある。ニュース証券事件・東京地判平21・1・30労判980号18頁は，別の証券会社から転職してきた労働者に対し，特段ノルマを課していたわけでもないにもかかわらず，6カ月の試用期間のうち，最初の3カ月の手数料収入が少なかったため，使用者が給与を65万円から25万円に減額すると通告し，労働者がこれを拒否したところ使用者が解雇した事案であるが，裁判所は，3カ月間の手数料収入のみをもって労働者の資質，性格，能力が使用者の従業員の適格性を有しないとは認めることができないとして，解雇を無効と判断している。これに対し，ブレーンベース事件・東京地判平13・12・25労経速1789号22頁では，販売した商品の発送業務，パソコンのファックスモデムを用いて全国の歯科医にファックス送信する業務をするため採用された労働者が，3カ月の試用期間内に，緊急に発送しなければならない商品の発送を怠ることが複数回あったり，パソコンのソフトを用いれば簡単に行える業務を行えず，指示した資料の作成ができない等の問題があるとして，試用期間満了の直前に，使用者が労働者を解雇したのに対し，裁判所は，労働者の業務内容が高度ないしは困難な事務処理を任されていたわけでもなく，使用者が実働社員4名の零細な規模の企業であること等を理由に，解雇を有効と判断した。このケースでは，成績というよりも，社会人として最低限できているべき基本的な事項（指示されたことを指示されたとおりに処理する）ができていないことが，短期間でも把握することが可能であったものと考えられる。また，勤務成績と異なり，勤務態度等は本人の性格によるところ

も多いため，成績が悪いという事実よりは本採用拒否の理由として主張しやすいと考えられる。

また，医療法人財団健和会事件・東京地判平21・10・15労判999号54頁では，3カ月の試用期間中，1カ月ごとに面談が行われ，最初の1カ月の面談でミスの指摘や意欲のなさを指摘され，2カ月の面談でミスは減ったが意欲はないと言われ，最終的に，使用者は，試用期間満了まで20日ほどを残して当該労働者を解雇したのに対し，裁判所は，使用者が，直属の上司からの事情聴取を行っていないことや，労働者の勤務状況等が改善傾向にあり試用期間満了までに要求水準に達する可能性があったことなどから，試用期間満了前の解雇を無効と判断した。このことからすると，試用期間であっても，改善の機会を付与したとの主張は必要である。また，試用期間満了前に本採用を拒否するのであれば，残りの試用期間まで待っても改善することが想定しにくいことを主張立証する必要があり，それまでの改善状況等についても主張立証が必要になる。

④ 試用期間と有期雇用

通常の試用期間は，採用後に設けられている。しかし，一部の企業では，正社員として採用する前に，有期雇用契約を締結し，その間の仕事ぶりをみて，優秀であれば正社員として正式に採用し，問題があれば期間満了によって雇用契約を終了する，という運用をしているところがある（学校の講師などでこのような形態をとるケースが多いようである）。この場合の有期雇用契約は，形式的には正社員としての雇用契約とは別個であるが，実質的には試用期間と同じような機能を果たすため，期間満了での契約終了がどこまで行うことができるのか，問題になることがある。この点，神戸弘陵学園事件・最判平2・6・5労判564号7頁では，「使用者が労働者を新規に採用するに当たり，その雇用契約に期間を設けた場合において，その設けた趣旨・目的が労働者の適性を評価・判断するためのものであるときは，右期間の満了により右雇用契約が当然に終了する旨の明確な合意が当事者間に成立している等の特段の事情が認められる場合を除き，右期間は契約の存続期間ではなく，試用期間である」と判示している。したがって，形式的には有期雇用契約であっても，それが労働者の適性を評価・判断するためのものである場合には，実質的に試用期間と判断され，「期間満了」という理由だけでは契約を終了することができず，いわば本

採用拒否と同程度の客観的に合理的な理由と社会通念上の相当性が必要になる可能性がある。したがって，試用期間の趣旨で有期労働契約を締結していた場合に雇止めを行った場合には，契約期間満了による契約終了の主張だけでなく，仮に試用期間と判断されたとしても，契約終了に至った理由については客観的な事由と社会通念上の相当性が存在することも合わせて主張する必要がある。

⑤ 試用期間と予告手当

試用期間中の本採用拒否の場合，法律上は原則として，労働者に対する解雇予告および予告手当の支払義務はない（労働基準法21条4号）。もっとも，同条本文には，入社後14日を超えて引き続き使用されるに至った場合にはこの限りでないと規定されている。入社して14日以内に解雇するケースはほとんどないと考えられるため，結局，本採用拒否の場合にも，基本的に解雇予告あるいは予告手当の支払義務は発生することになる。この点は，あまり争えるところではないし，支払っていないと，使用者自身も解雇と認識していないなどと言われる可能性もあるため，本採用拒否の場合にも必ず支払っておくべきである。

(7) 採用内定の取消し

① 採用内定の法的性質

我が国の雇用慣行では，特に新卒者について，募集・採用活動を終え，採用を決定した労働者に対し，入社時よりも数カ月前に「内定」を通知している。この内定は法律上の制度ではないが，一般的には，労働者が使用者から内定通知を受けた後は，基本的に他の企業の採用試験を受けることなく，その使用者のところに入社することとされる。この法的性質については，かつては争いがあったが，現在では，始期付解約権留保付きの労働契約が成立したものと解されている。すなわち，労働者が募集に応募することが労働契約の申込みであり，採用内定通知によって，使用者がこれを承諾したものとして，就労の始期を入社時とする労働契約が成立したものと考えられている[44]。

---

[44] 大日本印刷事件・最判昭54・7・20民集33巻5号582頁。なお，電電公社近畿電通局事件・最判昭55・5・30民集34巻3号464頁は，労働契約の効力発生時期が入社時とする労働契約であると判示する。

② 採用内定の取消し

上記のとおり，使用者が労働者に採用内定を通知した場合，基本的に労働者は当該使用者に入社することを想定し，他の企業に対して行っていた就職活動を中止し，また，複数の企業の採用内定を受けていた場合には，最終的には一つに絞り，他の企業については内定を辞退することになる。

しかしながら，このように内定を出した後になって，企業が採用内定を取り消す場合がある。この場合，前掲・大日本印刷事件は，内定通知を受けた労働者が，通常は卒業後の就労を期して，他企業への就職の機会と可能性を放棄するのが通例であるから，試用期間中の地位と基本的に異ならず，「採用内定の取消事由は，採用内定当時知ることができず，また知ることが期待できないような事実であって，これを理由として採用内定を取り消すことが解約権留保の趣旨，目的に照らして客観的に合理的と認められ社会通念上相当として是認することができるもの」でなければならないと判示した。もっとも，採用内定を通知した後の労働者は，他企業への就労の機会を放棄しており当該使用者に就労する期待が相当程度高まっていること，他方でまだ使用者の下で就労を開始していない以上，試用期間のように労働者の適格性の欠如を理由に内定取消しを行うこともできない。そこで，内定取消しの有効性を主張するのであれば，こうした期待を失わせざるを得ないだけの必要性や，期待していた賃金を得ることができず，再度就職活動を開始しなければならない労働者の不利益に対しても配慮したうえで行ったものであることを主張立証する必要があると考えられる。特に採用内定取消しが入社の直前になればなるほど，採用内定取消しをする必要性，緊急性が高いことを主張立証する必要があるというべきである。インフォミックス事件・東京地決平9・10・31労判726号37頁は，労働者が採用内定通知を受け，現在の使用者に対して退職届を出した中途採用者に対し，入社日の2週間前になって，使用者のグループ全体の業績悪化が判明し，当該労働者の配属予定だった部署が存続しなくなることを理由に内定を取り消した事案であるが，裁判所は，経営状況が悪化しているという人員削減の必要性，すでに就労している労働者と比較して，まだ就労を開始していない採用内定者を対象とすることの合理性，さらに，希望退職の募集や他の採用内定者に辞退勧告を行い相応の補償の申出をするなどして，採用内定取消回避のために努力

したことは認めたものの，10年勤務した前職を退職した内定者に対し，入社の2週間前になって突然入社の辞退勧告を行うことは信義則に反するものであり，当該労働者の納得が得られるように十分な説明を行うべきであったが，それを行っていないとして，採用内定取消しを無効と判断した。

③ 採用内々定

採用内定は，条件付きながら労働契約が成立することになるが，新卒者の採用においては，採用内定通知を出すさらに前に，使用者が労働者に対し「採用内内定」を出すことがある。たとえば，大学の教授の推薦で面接を行い，採用内内定を通知され，不相当な事由が認められない場合には10月1日の内定式の案内の通知を送付し，同日に採用内定通知を出し，内定式に出席した学生から誓約書等の提出を受けて採用内定を行う[45]。

しかし，上記のとおり，使用者と労働者の間では，内定式の終了をもって採用内定（労働契約）が成立するから，それ以前の段階である採用内内定の段階では，使用者が確定的な採用の意思表示をしたとは解することはできない。したがって，採用内内定を取り消したことについて労働者（予定者）が争ってきた場合でも，使用者としては，そもそも労働契約が成立しているわけではないと主張することが可能である。

ただ，採用内内定にも一定の期待は生じるから，採用内内定の取消しについても，使用者が一定の責任を負うことはある[46]。そのため，採用内内定における訴訟においては，使用者としては，採用内内定の時期，内内定における使用者からの説明内容（採用内内定＝採用内定のような期待を持たせるような言動をしていないこと等），採用内内定を取り消すに至った理由，取り消した時期について主張し，採用内内定によって採用内定に対する期待が生じないことを主張する必要がある。

---

[45] 新日本製鐵事件・東京高判平16・1・22労経速1876号24頁。
[46] コーセーアールイー（第2）事件・福岡地判平22・6・2労判1008号5頁では，採用内内定後に，具体的労働条件の提示，入社に向けた手続等が行われていないこと，採用内内定を通知した人事担当者に採用権限があったわけではないこと等から労働契約の成立は認められないと判断したが，採用内定の直前になって採用内内定を取り消したことは不法行為に該当するとして，内内定者に対する企業の損害賠償責任を認めた。

3 経営上の必要性に基づく理由による解雇（整理解雇）

　整理解雇とは，企業が経営上必要とされる人員削減のために行う解雇である。前項までで見てきた労働者側の事由による解雇ではなく，使用者の経営上の理由による解雇であり，長期雇用慣行が一般的な我が国においては，解雇権濫用法理の適用において厳しく判断すべきものと考えられているとされる[47]。また，整理解雇を行う場合には，複数の労働者を一度に解雇することになるため，集団的な解雇無効訴訟に発展することが多い。この場合，仮に使用者が敗訴すると，多数の労働者が復帰し，解雇後の賃金の支払義務も生じることになり，影響が大きい。そのため，使用者としては，解雇前に入念な準備を行い，解雇訴訟が提起された場合には，各要素について細大漏らさず主張する必要がある。

(1) 整理解雇の判断枠組み
① 4つのポイント
　整理解雇の有効性については，裁判例の集積により，以下の4つの事項に着目して判断するとの考え方が確立している[48]。

a）　人員削減の必要性
b）　解雇回避措置の相当性
c）　人選の合理性
d）　手続の相当性

② 四要件説と四要素説
　なお，解雇が有効とされるためには，これらの4つの事項について，すべて充足していなければならないとする見解（要件説）と，充足の程度を総合考慮

---

[47] 菅野745頁。
[48] 本項の整理は，基本的に吉川昌寛「整理解雇」前掲注2・白石編著319頁を参考とする。

して判断すべきであるとする見解(要素説)が存在する(たとえば、要件説の場合、人員削減の必要性が極めて高い場合であっても、解雇の手続が必ずしも十分ではなかった場合には解雇が無効となる。しかし、要素説の場合にはそれぞれの要素を総合的に判断するため、解雇が有効と認められる可能性がある)。

この点、理論上あえてこれらを要件と考える根拠はないし、実務上も整理解雇にはさまざまな事情が存在することから、最近では要素説に基づく裁判例が増加している。

もっとも、要素説に従ったとしても、裁判所の判決でどの点がどの程度考慮されるかについては確実な判断を行うことはできないから、使用者としては、やはり四要素すべてについて満たすような状況下において整理解雇を実施し、訴訟でも四要素について万遍なく主張することが望ましい。また、逆説的であるが、四要素を満たすような状況下で整理解雇を実施した場合、労働者も納得して、希望退職などに応じてくれ、結果として解雇せずに済む場合も多い。したがって、紛争予防の観点からも、事前準備が特に必要となるのである。

(2) 整理解雇の四要素に関する主張
① 人員削減の必要性

整理解雇の有効性判断の第一要素は人員削減の必要性があることである。その必要性がないのに整理解雇を行うことは許されない(解雇の真の目的が特定の労働者の排斥にあるような場合など)。

人員削減の必要性については、当該企業が倒産をはじめとする経営の危機を回避するためのもの(危機回避型)のほか、経営の見直しにより事業内容が変更され余剰人員が生じた場合(戦略的合理化型)などがあり得る。

(a) 危機回避型

かつて、危機回避型においては、人員削減をしなければ倒産必至であるとの状況を必要とするとの考え方も存在したが、近年においてはそこまでの状況は要求せず、高度の経営上の必要性から人員削減が要請されるとの状況で足りるとする裁判例[49]が多い。

---

49 大阪暁明館事件・大阪地決平7・10・20労判685号49頁ほか。

また,「高度の経営上の必要性」についても,結論として経営専門家の判断を尊重する姿勢を見せる裁判例が多い傾向にあるとされる[50]。
　他方,必要性が否定される裁判例の典型は,財産状況の見積りが不正確と認められたり,人員削減措置の決定後間もなく,大幅な賃上げや多数の新規採用や高率の株式配当を行うなど矛盾した経営行動がとられたりした場合である,と指摘されている[51]。

(b) 戦略的合理化型

　他方,企業全体としては黒字であっても,将来的な市場や企業の展開の予測を見据えたり,予期せぬ事業環境の変化に対応したりするため,事業内容の見直し(本来的な意味でのリストラクチャリング)や経営の合理化などを行うことがあるが,この場合にも人員削減の必要性が生じることがある。裁判例においては,こうした場合であっても使用者の経営判断を尊重し,人員削減の必要性を認めている[52](ただし,危機回避型と比べれば要素としてはそこまで強力とはいえない)。
　具体的には,たとえば,市場環境の変化その他の事情(技術開発,消費傾向,人口減少,為替,経済状況,税制,国の規制,突発的な事故,震災や,他企業との合併による人員の余剰等さまざまなものが考えられる)を踏まえて,国内の工場を閉鎖したうえ海外に生産拠点を移すといった判断や,特定の事業部門を大幅に閉鎖・縮小せざるを得ないといった状況が考えられるであろう。

(c) 使用者の説明責任

　上記のとおり,裁判例は一般的に経営者の判断を尊重しているといえるものの,使用者が主張立証責任を負っている以上,ある程度踏み込んだ審理が必要であるから,以下の評価枠を設定し,使用者に説明させるべきであるとの考え方も提示されている[53]。すなわち,

---

50 土田693頁。
51 菅野747頁。
52 東洋酸素事件・東京高判昭54・10・29労民30巻5号1002頁。
53 吉川昌寛「整理解雇」前掲注2・白石編著322頁。

> ⅰ) 人員削減の要否という経営判断の前提として，どの程度の情報を収集し，どのような視点からその分析・検討をしたか。
> ⅱ) その分析・検討に基づき，人員削減の必要性があるとの経営判断に至った意思決定の過程および内容に，どの程度の合理性を認めることができるか。

の2点から，結論そのものの合理性だけではなく，その判断プロセスの合理性も加味して総合的に評価する，というものである[54]。

かかる判断枠組みが今後の裁判実務において定着するかは不明であるが，前述したとおり，最終的な裁判所の判断において，人員削減の必要性の要素がどの程度考慮されるかについて判決前に予測を立てることは難しいことから，使用者としては，可能な限り上記の点について具体的な主張立証に努めるべきである。

特に使用者の経営状況に関する主張を行うに際しては，できるだけ具体的な事実，すなわち決算資料等の数字をきちんと明示することで説得力が増す。さらには，労働者は経理に関する知識が豊富なわけでもなく，単に文章のみで説明されても理解できないこともあるから，労働者にとって理解しやすい図やグラフ，表などを用いて視覚的にも説明した資料を作成することは，訴訟実務上も，人員削減の必要性の立証に有益である。

② 解雇回避措置の相当性

(a) 解雇回避措置の内容

整理解雇の有効性判断の第二要素は，使用者が整理解雇を回避するためにとった措置の相当性である。

具体的にあげられるものとしては以下のものがある。

---

54 なお，解雇回避措置として希望退職者を募集し，一定の労働者が応募している場合，それだけ人員削減の必要性は減少しているはずである。それにもかかわらず整理解雇を実施する場合には，上記人員削減の必要性からすれば，希望退職者の退職だけでは不十分であり，当該整理解雇を行わなければならない点についてまで，主張立証する必要がある点に留意すべきである。

> ⅰ) 広告費・交通費・交際費等の経費削減
> ⅱ) 役員報酬の削減
> ⅲ) 残業規制
> ⅳ) 新規採用の停止・縮小
> ⅴ) 中途採用・再雇用の停止
> ⅵ) 従業員の昇給停止や賞与の減額・不支給，賃金減額
> ⅶ) 配転・出向・転籍の実施
> ⅷ) ワークシェアリングによる労働時間の短縮や一時帰休
> ⅸ) 非正規従業員との間の労働契約の解消
> ⅹ) 希望退職者の募集

なお，ここで問われるのは，Aという特定の労働者の解雇を回避するための措置，ではなく，企業が解雇という手段を一般的に回避するためにとった措置の相当性であることに留意が必要である（たとえば，A労働者には配転・出向・転籍の機会が与えられなかったとしても，ただちに解雇回避措置をとらなかったことにはならない）。

(b) **解雇回避措置の程度**

使用者は上記の解雇回避措置を一律に機械的に行うことが求められるものではない。

一般的には，企業が深刻な経営危機に陥っているような場合には時間的または経済的な制約から企業がとり得る解雇回避措置にも限界があることが多いであろう。他方，戦略的合理化を行うような場合には，相当手厚い解雇回避措置がとられることが求められると考えられる[55]。

(c) **有期雇用社員との契約の解消**

上記のとおり，解雇回避措置の典型例として，有期雇用社員の雇止めがあげられる。

最高裁も，日立メディコ柏工場事件・最判昭61・12・4労判484号6頁にお

---

55 吉川昌寛「整理解雇」前掲注2・白石編著324頁。

いて，正社員と非正規社員との間では，雇用継続への期待度が異なるとの理由から，正社員の希望退職募集に先立って臨時従業員を雇い止めすることを相当と解するとともに，雇止め以前に正社員の退職募集をする必要性を否定した。

もっとも，正社員と非正規雇用社員とで職務の内容が異なっている場合に，必ず非正規雇用社員を先に雇止めを行わなければならないと解するのも相当ではない。この点，厚生労働省の平成17年9月15日付け「今後の労働契約法制の在り方に関する研究会」においても「非正規労働者の解雇や雇止めをしていないことをもって，正規労働者について直ちに整理解雇の必要性がないものとは解されない」との指摘もなされているところである。

(d) **希望退職者の募集**

最近では，整理解雇に先立ち，希望退職者の募集が行われることが一般的となっており，訴訟実務上も，解雇前の希望退職の募集を行ったという事実は極めて重要な要素となる。

こうした希望退職者募集においては退職金の加算が一般的な内容となる。退職金の加算額については，大体月額の基本給や基準内賃金の〇カ月分，という表現で示されることが多い。月数については相場があるわけではなく，多い場合には24カ月，36カ月といった数年分の年収に相応するケースもあるが，経営状況が厳しくて退職してもらう場合にはそもそもそこまで十分な加算金を支給することができないことも多く，その場合には，1カ月分や3カ月分，さらには加算金なしというケースもある[56]。また，同様の趣旨で，有給休暇の買い取りもよく行われる。さらに，再就職支援会社における再就職支援パッケージもよく利用されている。

(e) **解雇回避措置の主張**

解雇回避措置も高度な経営判断が必要となるものであるから，解雇訴訟では，その判断の根拠を主張することになる。この点，企業の規模・業種，人員構成，労使関係の状況，経営状態や整理解雇の目的に応じていかなる解雇回避措置が妥当であるかについては変わってくるし，そもそも回避措置をとることを期待

---

[56] 人員削減において加算金を支払わなかった解雇が有効とされた裁判例として，ティアール建材・エルゴテック事件・東京地判平13・7・6労判814号53頁。

することが不可能な場合にまで作為義務を負わせることはできない（期待可能性の原則）[57]。したがって，この要素においては，使用者としては，これまで行ってきた解雇回避措置をもって「可能な限り」解雇を回避するための努力を行ったと主張するとともに，労働者側が，「これも行えたはず」として指摘する解雇回避措置に対し，当該措置をとらなかった（とれなかった）理由（かかる措置を講じた場合のデメリット等[58]）を反論していくことになる。

③ 人選の合理性

被解雇者の選定においては，客観的で合理的な基準に従っていなければならない。すなわち，経営上の必要性に基づく解雇は，基本的に人件費の削減が主たる目的となる。そのため，解雇する場合には，人件費削減のためにどの程度の人数を削減する必要があるのかが問題であり，特定の労働者を解雇しなければならないわけではない。したがって，人員削減を目的とした解雇では，労働者個々の事情に応じた解雇（指名解雇）ではなく，公平かつ合理的な基準を設定し，その基準に合致した労働者を公平に取り扱って解雇する必要があるのである。

そこで，訴訟実務上は，ⅰ）明示的な基準設定，ⅱ）基準自体の合理性，ⅲ）基準適用について主張することとなる。

(a) 明示的・客観的な基準設定

この点，明示的・客観的な人選基準を設定したほうが恣意性が低く，労働者や裁判所の理解も得られやすいことから，基準を設け，その内容を主張することが望ましい。

なお，小規模の企業の場合にも常に明示的な人選基準の作成を義務付けるのは現実的ではないことから，常に明示的な基準を設ける信義則上の義務があるとまでは解されないとされるし[59]，裁判例上は，人選基準を労働者側に事前に提示することも，これをしなかったからといってただちに人選の合理性が否定

---

57 土田695頁。
58 たとえば，マーケティングに関する費用を削減すれば売上げが落ち込むことが考えられ，これがさらなる経営不振を招くおそれもある。したがって，単に費用を削減すればよいというものではないことは当然である。
59 吉川昌寛「整理解雇」前掲注2・白石編著325頁。

されることになるとまでは言えない[60]。しかし，訴訟実務上は，人選基準が存在しないことは裁判上不利に扱われる可能性があるし，労働者側に人選基準を事前に提示していないことは，裁判所に適切な説明手続を踏んでいないと判断される可能性があるため，人選基準を設けない場合には，当該解雇者をどうして選んだのか，その理由を個々の解雇者について主張する必要がある（逆に言えば，個々の労働者について説明可能なほど解雇者が少ない場合以外には，人選基準を設けたほうがよい）。また人選基準を設けたのであれば，事前に労働者に提示したうえで，訴訟においても労働者に周知している事実を主張すべきである。

(b) **人選基準自体の合理性**

設定される人選基準としてよく用いられるものとしては以下のものである[61]。

ⅰ) 勤務態度の優劣（欠勤日数，遅刻回数，規律違反歴等）
ⅱ) 労務の量的貢献度の多寡（勤続年数，休職日数等）
ⅲ) 労務の質的貢献度の多寡（過去の実績，業務に有益な資格の有無等）
ⅳ) 企業との間の密着度の高低（正規従業員・臨時従業員等の別等）
ⅴ) 労働者側の事情（年齢，家族構成，共稼ぎか否か等）

これらの人選基準は相互に矛盾し得るものであり（たとえば，一般的には，企業の経費削減を鑑みれば，賃金の高い中高年労働者を解雇することが合理的であるが，労働者側の事情を重視するのであれば，一般的により転職しやすいとされる若年労働者の解雇が合理的となる），一義的な正解は存在しないから，いかなる人選基準を設け，適用するかは使用者の判断と責任において行うべきものであると考えられている[62, 63]。もっとも，人選基準の合理性において重要

---

60 労働大学（第2次仮処分）事件・東京地決平13・5・17労判814号132頁。
61 吉川昌寛「整理解雇」前掲注2・白石編著326頁。
62 チェース・マンハッタン銀行事件・福岡地判昭45・10・19労判115号68頁。
63 なおいわゆる正社員については，整理解雇時にたまたま当該対象部署に在籍している正社員もいれば，事実上配転もなく，同じ部署に居続けている正社員もいる。そのため，正社員を対象にする場合には，どこまでを対象とすべきか（全正社員を対象とするか一部門の正社員のみを対象にするか）についても検討する必要がある。

なのは，労働者を公平に選択することができるかどうかであり，上記に列挙した人選基準のいずれかまたは複数を用いている旨主張ができれば，基本的に人選基準の合理性は認められるであろう。

(c) 人選基準の適用

合理的な人選基準を設けても，その適用が恣意的に行われれば，合理性は否定される。

使用者が，人選基準に関して，一次的な主張として当該被解雇者が人選基準に該当する旨主張するのに対し，労働者は，恣意的な運用がなされていると反論する。特に，労務の質的貢献度は，使用者にとって最も重視したい基準であるが，他の基準と異なり，数値化・客観化することが難しいという側面もあるため，注意を要する。過去の人事評価を用いる場合であっても，評価自体に公正性が求められ，恣意的な評価でないことが重要となる（たとえば，過去3年間の人事考課の平均値が「C」以下の者，という基準を設けた場合であっても，過去の人事考課が恣意的につけられていた場合などが典型例である）。そのため，使用者としては，基準の根拠となった評価が公正に行われた事実，つまり，ⅰ）書面化された資料を用いたか否か，ⅱ）評価が毎回（毎期）定期的に実施されているかどうか，ⅲ）評価にあたって自己評価や労働者との面談が実施されたり，二次評価者の意見が加味されたりしているかどうか，ⅳ）評価結果が労働者に対してフィードバックされるプロセスが保障されているかどうか，といった評価制度そのものの合理性を裏付ける事実[64]および当該被解雇者に対する評価の適正を裏付ける事実についても主張する必要がある。

④ 手続の相当性

(a) 概　要

整理解雇の有効性判断の最後の要素は手続の相当性であり，労働組合や労働者との間で協議・説明を誠実に行うことである。これは，労働協約において組合との協議または同意を義務付ける規定がある場合に，これに反して行った解雇が無効となることはもちろん，そうした規定がない場合であっても，使用者は労働組合または労働者に対して整理解雇の必要性とその時期・規模・方法に

64　吉川昌寛「整理解雇」前掲注2・白石編著326頁～327頁。

つき納得を得るために説明を行い，さらにそれらの者と誠意をもって協議すべき信義則上の義務があるとされる[65]。

かかる誠実な説明が紛争を回避するためにも重要であるといえ，実務上重視されている。

(b) **協議の相手**

非組合員を解雇する場合やそもそも労働組合がない場合は，解雇対象となる労働者と直接協議する必要がある[66]。組合員を解雇する場合は当該組合員が所属する労働組合となる。

(c) **情報提供の程度**

形式的な協議を行いつつも，客観的な経営資料を十分提示せず，抽象的な説明に終始している場合は協議を尽くしていないと判断される可能性がある[67]。そこで，使用者としては，労働者側にできる限り情報提供を行ったうえで，その旨主張する必要がある。もっとも，一次的な情報（人員削減の必要性，解雇回避措置の内容，人選の合理性を裏付ける事実）について一通り使用者が主張していれば，最低限必要な情報は提供できたということになるため，後は労働者側の質問，追加情報の要求，資料提出の要求に対して，どこまで誠実に対応してきたか，対応できなかったとすればその理由は何かについて，主張することになろう。

(d) **説明手続のプロセス**

一般的な説明手続のプロセスとしては，まず全体説明会（人員削減のプロジェクトを発表して希望退職を募集）を行い，続いて対象となる労働者との個人面談を実施し，プロジェクトの説明や労働者の質問に対する応答，希望退職への応募の勧奨等を繰り返し行うことが通常である。

全体に対する説明会においては，できるだけ代表取締役等，経営に責任のある者が自ら行うべきである。また，個人面談については，労働者の納得を得られるよう，ある程度時間をかけて行う必要がある。必要な期間については，削

---

65 菅野747頁。
66 前者については赤阪鉄工所事件・静岡地判昭57・7・16労判392号25頁。後者については北原ウエルテック事件・福岡地久留米支決平10・12・24労判758号11頁。
67 株式会社よしとよ事件・京都地判平8・2・27労判713号86頁ほか。

減する労働者の人数，プロジェクトを担当する人員数等にもよるが，発表後，1～2カ月程度をかけて希望退職の募集（労働者の個人面談）を実施することが多いように思われる（たとえば，3月末で退職してもらう場合には，2月初頭に発表し，3月末にかけて個人面談を実施するイメージ）。訴訟においては，こうしたプロセスについて，時系列に沿って主張していくこととなる。

こうしたプロセスに関する労働者側の反論としては，希望退職の応募を明確に拒否しているのに，引き続き面談させられ，退職を強要されたといったものが考えられる。特に，最近は，再就職支援会社が，人員削減を行う使用者に，より積極的に関与し，希望退職の面談指南等を実施し，退職を強要したといった主張がなされることもあるため，注意が必要である[68]。また，個別の面談を行った場合，個々の労働者が情報交換をすることも想定されるが，その場合に，「担当者によって質問に対する回答が異なる。」といった反論がなされることもあり得る。これらについては，事実として行われてしまっている場合には反論が困難となるため，事前に面談のトレーニングや想定問答の作成等を行い，適切な面談手法をとり，適切な回答を行っていることを主張できるようにしておく必要がある。

(e) **労働組合との協議**

使用者に労働組合がある場合には，上記に加え労働組合との協議についても，時系列に沿って主張する必要がある。

また，使用者と労働組合の間で労働協約が締結されている場合に，協約中にたとえば，「企業閉鎖・合併・解散・人員削減その他組合員の労働条件の変更を行うような場合には，事前に労働組合の同意を得る（あるいは事前に協議を行う。）。」といった規定が設けられている場合には，使用者は，人員削減を実施する前に，労働組合と，事前協議条項がある場合には事前の協議を，事前同意条項がある場合には事前の同意を取得しなければならないため[69]，事前にど

---

[68] 厚生労働省は，再就職支援を行う職業紹介事業者が，退職強要を実施したり，退職強要に該当する行為についてマニュアルを作成する行為を禁止し，また使用者に対する積極的な退職勧奨の提案・実施することも適切でないとする通達を出している（平28・3・14職発0314第2号，平28・3・28職派需発0328第1号）。

[69] エム・ディー・エス事件・東京地決平14・1・15労判819号81頁は，労働協約におい

れだけの協議を重ねたか，という点についても主張する必要がある。

　双方の意見が平行線をたどり交渉が進展しなくなった場合には，協議の打ち切りも許される（事前同意条項を締結している場合でも，経営者として客観的になし得る限りの協議，説明，説得等を尽くし，使用者の経営状態や経営環境からすれば企業閉鎖に同意することもやむを得ないと認められる場合においては，労働組合が同意を得るよう求めることは信義則違反あるいは権利濫用になる場合もあると考えられる[70]）。しかし，使用者が，「平行線をたどり交渉が進展しなくなった」と主張できるようになるためには，一定回数の協議を重ね，労働組合の質問や意見について誠実に対応したという事実の積み重ねが必要である。また，打ち切られた労働組合からは，使用者の打ち切りが不誠実団交等の不当労働行為に該当すると主張することが想定される。そこで使用者としては，協議の打ち切りを主張する際には，団体交渉等協議の回数だけでなく，各協議における使用者の対応（労働組合に対して譲歩した事項があればその点も含む）についても具体的に主張し，「使用者が誠実に対応したが，労働組合に理解してもらえず協議が進展しなかったため，やむなく協議を打ち切った」ことを裁判所に理解してもらう必要がある。

　(f)　立証方法としての説明文書

　なお，整理解雇の有効性に関する基本的な立証を見越し，労働者および労働組合に対して説明・協議を行う際には，整理解雇に至った経緯や今後想定される整理解雇の概要をまとめた文書を作成することが望ましい。この文書には，(ア)人員削減の必要性，(イ)解雇回避措置（その一環としての希望退職者募集），(ウ)人選の基準（希望退職者募集の対象）について記載し，労働者および労働組合に交付・提示する（最近はプロジェクターで見せることもある）。

　これによって，上記(ア)～(ウ)について労働者および労働組合に説明を行うことが可能となるし，後の訴訟においても立証が可能となる。また，(エ)労働者およ

　　て事前同意条項が規定されていたにもかかわらず，同意を得ることなく実施された企業閉鎖に対し，労働組合に，労働組合の同意を得ることを認める履行請求権を認めた。また一般的には，事前同意条項を無視して行われた人員削減等は，不当労働行為として無効と判断される可能性もある。

70　エム・ディー・エス事件・東京地決平14・1・15労判819号81頁。

び労働組合に対して誠実に説明を行っていたことについても立証できることになる。

(3) 会社解散による解雇

人員削減は、使用者が雇用する労働者の一部を削減するものであり、使用者自身は存続しているが、さらに状況が悪化した場合、使用者が自らを解散する場合がある。この場合には、雇用されているすべての労働者が、使用者の事情により雇用契約を解かれるという点において、人員削減の場合と類似するが、他方で、会社解散の場合は、清算手続の結了によって使用者が消滅する結果労働契約関係が消滅するという点において[71]、いわゆる整理解雇とは異なる側面を有しており、訴訟実務上も若干異なる検討が必要となる。

① 会社解散の自由

憲法22条1項は、職業選択の自由の一環として企業廃止の自由を保障していると解され、企業の存続を強制することはできず、労働者の団結権を保障する憲法28条も企業廃止の自由を制約するものではないと解される。また、株主総会の決議の内容自体に法令または定款違反の瑕疵がなく、単に決議をする動機、目的に不法があるにとどまる場合には、当該決議が無効となるものではない[72]。したがって、たとえば労働組合が、労働組合を壊滅させる意図で解散を行っていると主張した場合であっても、解散決議の効力には影響を及ぼさないと主張することができる。

② 会社解散に伴う解雇の効力

会社解散は使用者が消滅することを意味するから、解散によって労働者を解雇あるいは退職してもらう必要があることは自明である。したがって、会社解散による解雇の場合に、人員削減における整理解雇の四要素の基準をそのまま適用することは適切でないと考える。すなわち、使用者が消滅する以上、「人員削減の必要性」については当然に認められると解されるし、使用者が消滅する以上は、労働者全員との雇用関係が終了することになるから、原則として

---

71 菅野714頁。
72 大森陸運ほか2社事件・大阪高判平15・11・13労判886号75頁。

「人選の合理性」についても検討する必要がないからである[73]。また，解散決議が有効と判断される以上は，「解雇回避の努力」も，それをしなければならない理由は原則としてないと考えられる[74]。

その一方で，会社解散による解雇も解雇権濫用法理の適用は受けるから，解雇条件の内容の公正さまたは適用の平等，解雇手続の適正さ，より具体的には，労働組合または労働者に対して解雇の必要性・合理性について納得を得るための説明等を行う努力を果たしたか，解雇にあたって労働者に再就職等の準備を行うだけの時間的余裕を与えたか，予想される労働者の収入減に対して配慮する措置をとったか，他社への就職を希望するか労働者に対しその就職活動を援助する措置をとったか等の諸点については，使用者から積極的に主張すべきである（その意味では，訴訟実務上は，整理解雇の四要素と同様の事実を主張していくことになろう）[75]。前掲・三陸ハーネス事件では，使用者は労働者に対して4カ月分の加算金，冬季賞与の支払，再就職支援等を実施し，また労働者が結成した労働組合と6回にわたって団体交渉を行い，時には取締役が出席して経営状況の説明に努めており，裁判所は解雇を有効と判断した。これに対し，前掲・グリン製菓事件では，労働組合との団体交渉中に解散・解雇を実施しており，裁判所は解散決議は有効と判断したものの，解雇は無効と判断している。

③ 偽装解散に伴う別法人に対する責任追及

解散決議が行われていても，真実の解散ではなく，実質的に別法人等で事業を承継しているような場合には，解散を理由とする解雇は，いわば「偽装解散」として，解雇権の濫用となり得る[76]。特に，労働組合を嫌悪し，労働組合を壊滅させる目的で偽装解散し，別法人で事業を継続していた場合には，支配介入の不当労働行為[77]が認められる可能性があるので注意が必要である[78]。もっともこの場合，事業内容は別の法人に承継されてしまっているため，解散

---

73 三陸ハーネス事件・仙台地決平17・12・15労判915号152頁。
74 グリン製菓事件・大阪地決平10・7・7労判747号50頁。
75 グリン製菓事件・大阪地決平10・7・7労判747号50頁，三陸ハーネス事件・仙台地決平17・12・15労判915号152頁。
76 ジップベイツ事件・名古屋高判平16・10・28労判886号38頁。
77 労働組合法7条3号。
78 菅野989頁。

した法人に対して解雇の無効を主張しても意味がない。そのため，偽装解散に伴う解雇の場合，労働者が，解散を主導した親会社や，事業を承継した当該別法人に対して，労働者としての地位確認を求めてくることがある。この点，タジマヤ事件・大阪地判平11・12・8労判777号25頁では，会社解散時に，事業を親会社に譲渡し，解雇された労働者以外の労働者は親会社で雇用され続け，ロゴも解散した会社のものを親会社でそのまま使用していたため，雇用契約も含めて事業譲渡されたものと判断し，当該労働者に対する解雇を無効と判断している。また，第一交通産業ほか（佐野第一交通）事件・大阪高判平19・10・26労判975号50頁では，子会社において労働組合が賃金制度の改定に反対していたため，当該子会社を解散し，非組合員は別の子会社に転籍させ，労働組合の組合員を解雇したところ，裁判所は，組合壊滅の目的で子会社を解散したいわゆる偽装解散であると認定したうえで，親会社が子会社の法人格を濫用したものとして法人格を否認し，労働組合の労働者が親会社に対して直接雇用責任を追及することを認めた。

　以上のように，会社解散による解雇は，それが真実の解散である場合には，解雇が認められる可能性が高いが，労働組合壊滅等を目的とする偽装解散の場合には，解雇が無効と判断される可能性がある。そのため，訴訟実務上は，解散する必要性において，労働組合とは関係がない，経営上の理由による解散であることを特に強調して主張する必要がある。

4 懲戒解雇（経歴詐称，業務命令違反，不正行為等の非違行為・服務規律違反等を理由とする解雇）

(1) 懲戒処分としての解雇

　残る解雇事由である経歴詐称，業務命令違反，不正行為等の非違行為・服務規律違反を理由とする解雇は，通常は懲戒解雇処分として行われる（上記の勤務態度不良等の職務怠慢などの普通解雇事由も懲戒解雇事由に該当することがある）。

　なお，使用者の中には，懲戒処分としての解雇について，懲戒解雇の代わりに諭旨解雇という処分を設けるケースもある。諭旨解雇の内容は使用者によっ

てもまちまちであるが、一般的には、いきなり解雇するのではなく、まず自主的な退職を勧め、労働者が拒否した場合に懲戒解雇する処分であり、懲戒解雇の次に重い処分として位置付けられることが多い。その意味では、最終的な解雇の問題は懲戒解雇と同じであるため、本書では懲戒解雇のみについて解説する。

(2) 懲戒解雇の要件

懲戒処分においても、解雇における解雇権濫用法理と同じく、当該懲戒が「当該懲戒に係る労働者の行為の性質及び態様その他の事情に照らして、客観的に合理的な理由を欠き、社会通念上相当であると認められない場合」には、権利を濫用したものとして無効となる。また、懲戒解雇は、労働者の企業秩序違反行為に対する制裁罰であることが明確な、労働関係上の不利益措置であるため[79]、上記以外にも「労働者を懲戒することができる場合」であることが必要となる（労働契約法15条）。具体的には、以下のような要件を満たす必要がある[80]。

① 根拠規定

懲戒処分を行うためには、使用者に懲戒権が認められる必要があり、そのためには、あらかじめ就業規則等において懲戒事由を規定しておかなければならない[81]。したがって、就業規則に規定されていない行為については、懲戒解雇を実施することはできない。このことは、刑法上の罪刑法定主義の趣旨に則るものである。また、罪刑法定主義におけるその他の原則（不遡及の原則、一事不再理の原則）も懲戒処分には妥当すると考えられ、非違行為が発生した後に就業規則に懲戒事由が追加されたとしても、行為後に新設された規定に基づいて処分することはできないし、一度軽微な懲戒処分を行った行為について、再度重い懲戒処分を科すことはできない。

② 懲戒事由への該当性

次に、懲戒解雇が有効と認められる場合には、労働者の行為が懲戒事由に該

---

[79] 菅野658頁。
[80] 以下の整理については、菅野673頁によっている。
[81] フジ興産事件・最判平15・10・10労判861号5頁。

当していることが必要である。就業規則によっては，懲戒解雇に該当する懲戒事由とその他の懲戒処分に該当する懲戒事由が分けて規定されていることがあり，その場合に懲戒解雇を行うためには，当然ながら懲戒解雇に該当する懲戒事由しか適用することはできない。また，一度懲戒解雇の対象となる行為を特定した以上，後になってから懲戒解雇事由となる行為を追加することはできない[82]。したがって，懲戒事由への該当性を適切に主張するためには，懲戒解雇時に，具体的にどの行為が，懲戒事由のどの条項に該当するのか，検討しておくことが不可欠である。

③ 相当性

労働契約法15条および16条に規定されているとおり，懲戒解雇は社会通念上相当でなければならない。特に，懲戒解雇は，使用者が労働者に科す制裁の中でも最も重く，また企業の外へ追放する処分であり，社会的なインパクトも大きい。したがって，懲戒解雇の無効を争う訴訟においては，使用者は，労働者の動機，行為態様，結果，反省の度合い等，懲戒解雇に相当することを裏付ける事情を，可能な限り主張しておく必要がある。

これに対し労働者側からは，上記の要素に関する反論に加え，使用者側に落ち度があったといった主張がなされることも考えられる。たとえば，金銭の不正取得などにおいては，使用者の管理がきちんとされていなかったり，周囲の他の労働者もみんな制度を悪用していたのに放置していたといった主張がなされることがあり，そのような事実があった場合には，たまたま発覚した当該労働者だけを懲戒解雇に処することは適切とはいえないと判断されるおそれがある[83]。

次に，相当性の主張において重要な要素と考えられるのが，当該使用者にお

---

[82] 山口観光事件・最判平8・9・26労判708号31頁は，「懲戒当時に使用者が認識していなかった非違行為は，特段の事情のない限り，当該懲戒の理由とされたものでないことが明らかであるから，その存在をもって当該懲戒の有効性を根拠付けることはできないものというべきである」と判示している。

[83] なお，ネスレ日本事件・最判平18・10・6労判925号11頁では，懲戒事由となる暴行行為が起きてから7年以上経過してなされた懲戒解雇処分が，「処分時点において企業秩序維持の観点からそのような重い懲戒処分を必要とする客観的に合理的な理由を欠く」として無効と判断されている。

ける過去の懲戒事例との比較である。同じ内容の行為については同じ程度の処分を行わないと，労働者間で不公平が生じるからである。とはいえ，実際に全く同じ事例が存在することは少ないため，多くの場合では，事案の内容を比較し，重大性の軽重を主張することが多い。

(3) 懲戒解雇を争う際に，付随して行われる請求
① 退職金請求
　最近では退職金制度自体を設けていない企業もあるが，多くの企業では，退職時に勤続期間等に応じた退職金が支払われる。しかしながら，就業規則や退職金規程等において，懲戒解雇処分を行う場合には，当該労働者に対して退職金を支給しない旨規定しているケースが見られる（中には，懲戒解雇の場合は退職金が支給されないのに対し，諭旨解雇の場合には退職金を支給することにして，実質的な処分の重さに差を設けているケースもある）。そのため，懲戒解雇した場合には，労働者が懲戒解雇の無効と合わせて，退職金の支払を請求してくることがある。

　この点，裁判例等実務上の理解では，退職金とは，功労報償的な性格と，賃金の後払的な性格を併せ持つと考えられている[84]。懲戒解雇に処せられることは，いわばこれまでの功労を大きく減殺することを意味するものであり，功労報償的な観点からすれば退職金を不支給とすることも妥当性を持つと考えられるが，その一方で，賃金の後払と考えれば，これまでの労働の対価であるから，懲戒解雇に処せられたからといって，当然に不支給とすることは問題があるとも考えられる。そのため，裁判例では，退職金の不支給が有効とされるのは，労働者に永年の勤続の功労を抹消してしまうほどの不信行為があった場合に限られるとされており[85]，実際に不支給が有効とされるケースはかなり制限される。たとえば，小田急電鉄事件・東京高判平15・12・11労判867号5頁では，鉄道会社の社員が，過去に痴漢行為で刑事処分および懲戒処分を受けていたにもかかわらず，再度，他の鉄道会社の電車内で痴漢行為に及んだため，使用者

---

[84]　日本高圧瓦斯工業事件・大阪高判昭59・11・29労民35巻6号641頁（原審大阪地判昭59・7・25労判451号64頁を引用）。

[85]　日本コンベンションサービス事件・大阪高判平10・5・29労判745号42頁。

が懲戒解雇したという事例であるが，裁判所は，懲戒解雇は有効と判断したものの，行為自体が業務時間外に行われていたこと等を理由に，退職金については3割の支払を命じている。他方で，日音事件・東京地判平18・1・25労判912号63頁では，複数の労働者が，自分たちの退社によって使用者の業務が混乱に陥ることを認識しつつ使用者を一斉に退社しようとしたため，使用者が労働者たちを懲戒解雇した事案であるが，裁判所は，上記懲戒解雇を有効と判断したうえで，「本件のように懲戒解雇が有効とされるときには，原則として従業員のそれまでの勤続の功を抹消するほど著しく信義に反する行為があったこと（評価）が事実上推定され，この推定を覆すためには従業員が右評価を障害する事実を立証することを要する」と判示し，上記評価を障害する事実を労働者が立証できていないとして，退職金の不支給を有効と判断している。

したがって，訴訟実務においては，労働者が，懲戒解雇の無効および退職金の不支給を正当化するほど悪質な態様ではないといった反論を行うことが予想されるため，使用者としては，単に懲戒解雇の要件についてのみ主張するのではなく，悪質性を裏付ける事実（意図的である，隠蔽工作を行った，虚偽の報告を行った等）についても，十分に主張しておくことが望ましい。

② 解雇予告手当の請求

使用者は，労働者を解雇しようとする場合においては，少なくとも30日前にその予告をするか，30日分以上の平均賃金を支払わなければならない（労働基準法20条1項本文）。この解雇予告あるいは予告手当の義務については，普通解雇であろうと懲戒解雇であろうと変わらないのが原則である。そのため，使用者が労働者を懲戒解雇したにもかかわらず，解雇予告あるいは予告手当の支払を行わなかった場合には，労働者が解雇の無効を主張する際に，合わせて解雇予告手当相当額の支払も請求されることになる。これについては，労働基準法上の義務である以上，予告手当は支払わざるを得ないし，解雇予告を行わないで解雇したという事実は，懲戒解雇において適切なプロセスを踏まずに解雇した（つまり懲戒解雇手続がきちんと踏まれていない）と判断される可能性もあるため，使用者としては，解雇前に必ず解雇予告の手続を踏んでおく必要がある。

もっとも，懲戒解雇のように「労働者の責めに帰すべき事由に基づいて解雇

する場合」には，行政官庁（この場合は労働基準監督署）の認定を受ければ，解雇予告義務は適用されず，使用者は予告手当を支払わずに即時解雇することが可能となる（労働基準法20条1項ただし書）。この認定のことを，「除外認定」という。そこで，使用者としては，除外認定を経ている場合にはその事実を主張し反論することになる。

しかし，除外認定は，労働基準監督署に申請してもその場で認定されるわけではなく，一定の時間がかかるし，どのくらい時間がかかるかもわからない。タイミングが悪ければ，除外認定が下りるのを待っている間に自主退職されてしまい，懲戒解雇できなくなるといった事態も想定され得る。そのため，実務上は，除外認定を申請するよりは，予告手当を支払ってでもできるだけ早期に解雇を通知することのほうが優先順位が高いと考えられる。

(4) 懲戒解雇の事由
① 経歴詐称
(a) 経歴詐称と懲戒解雇

経歴詐称とは，自身の学歴，職歴，犯罪歴を偽ることである。経歴は労働者に対する採否の決定，評価の前提となるものであり，これが誤っていると，その後の配属や企業秩序全般に影響を及ぼす可能性があり，労使の信頼関係が毀損されることになるため，懲戒解雇事由になると考えられる[86]。もっとも，経歴の中には，事実と異なっていても業務上支障がない場合もある。そのため，裁判例上は，「重要な経歴の詐称」であることを要するとされているが，学歴を高く詐称することはもちろん，低く詐称することも人事構成の阻害をもたらす行為として解雇事由に該当し得る[87]。この点は，特に特定の専門性やスキル，ノウハウを期待されて採用された中途採用者について妥当することが多いと思われる（グラバス事件・東京地判平16・12・17労判889号52頁では，JAVA言語プログラマーとしての能力に係る経歴の詐称を理由に行われた解雇が有効と判断された）。

また，精神疾患等の病歴を隠すケースも見られる。福島市職員事件・仙台高

86　菅野665頁。
87　スーパーバッグ事件・東京地判昭55・2・15労判355号23頁。

判昭55・12・8労判365号33頁は，労働者にてんかんの持病があったにもかかわらず申告しなかったところ，入職後にてんかんの発作が起き病歴を詐称していたことが発覚したため，免職となった事例であるが，裁判所は，「秘匿された病歴が右能力の判定に影響を及ぼす虞の少い軽度のものであるならば，右秘匿をもって直ちに分限免職を相当とする理由となし難いことは明らか」と判示し，労働者のてんかんの症状が軽微であることを理由に免職処分を無効と判断した。このように，病歴を詐称していた場合であっても，懲戒解雇が有効かどうかは，その詐称によって業務や企業秩序にどのような支障が生じているのかについて，実質的に判断していく必要がある。

(b) **訴訟実務上の留意点**

上記のとおり，経歴詐称については，事実と異なっていても業務上支障がない場合は懲戒解雇が相当として認められない可能性がある。また，「業務上の支障」という概念には，労働者に対する信頼関係の崩壊も含まれると考えられるため，労働者の詐称の悪質性についても主張を行う必要があろう。

したがって，訴訟においては，経歴が事実と異なる点の主張立証は当然必要として，詐称された経歴が使用者の事業にとって重要である理由，求人の理由や，採用時においてどのような選考がなされたか（その経歴がなければ結果が変わり得たか），労働者が経歴を詐称した理由や詐称の機会，労働者の詐称についての積極的な言動の有無，詐称が発覚した経緯など，実質的な不利益について説得的に主張立証する必要がある。

② 職務懈怠

(a) **職務懈怠を理由とする懲戒解雇**

職務懈怠を理由とする懲戒解雇の事由については，職務能力・成績や勤務態度が不良の労働者に対する解雇と類似しているが，さらに悪質性が高く，企業秩序違反行為が加わった場合が該当すると考えられる。

【職務懈怠を理由とする懲戒解雇が有効と判断された裁判例】

裁判例	事　案
東京プレス工業事件・横浜地判昭57・2・25労判397号37頁	労働者が，6カ月の間に24回の無届遅刻，14回の事前届出なしの欠勤を行い，使用者がけん責処分に処しても態度が改まらなかったため，使用者が懲戒解雇を行った。裁判所は，事前の届出のない遅刻，欠勤が使用者の業務や職場秩序に混乱を生ぜしめるものであることが明らかであるとして，懲戒解雇事由に該当すると認め，懲戒解雇を有効と判断した。
日経ビーピー事件・東京地判平14・4・22労判830号52頁	業務過誤を繰り返し，その業務過誤に関する経過報告書の提出命令を二度にわたって拒否した等の理由により二度にわたってけん責処分を受けていた労働者が，その後2カ月にわたって欠勤し，職場復帰命令にも応じなかったため，使用者が上記長期欠勤を理由に行った懲戒解雇が有効と判断された。
K工業技術専門学校（私用メール）事件・福岡高判平17・9・14労判903号68頁	進路指導課長という校長に次ぐ役職を兼任していた労働者が，約5年間にわたり，業務時間中に使用者のメールアドレスを使用して学外の交際相手や出会い系サイトで知り合った複数の女性と大量の私用メールを交換するなどしていた。裁判所は，労働者が職務専念義務に著しく違反しており，使用者の名誉等を傷つけるものであるうえ，労働者が反省の弁を述べることもなかったとして，懲戒解雇を有効と判断した。

(b)　無断欠勤者に対する懲戒解雇

　労働者が，ある日突然，出社しなくなり，自宅を訪問しても誰もおらず（反応がない，住んでいる形跡が認められない），行方知れずになってしまうことがある。この場合，使用者に対しては事前の連絡がないため，正当な理由のない欠勤（無断欠勤）ということになり，これが一定期間継続すれば，懲戒解雇事由に該当することになる。

　しかし，無断欠勤といってもその原因にはさまざまなものが考えられる。精神疾患に罹患した結果，誰とも連絡を取りたくなくて行方をくらます場合もあれば，何か事件に巻き込まれた場合もあり得る。そのため，単に懲戒解雇事由に該当したという事実のみを主張することは適切ではない。まずは使用者においても，事件の可能性も考え，連絡を取るためどのような手段をとったか（あらゆる手を尽くしたか），解雇前にも事前に警告等を行ったか，等についても

主張すべきである。

　なお，無断欠勤者から後になって解雇無効の訴訟が提起されることは少ないと思われるが，争う場合には，懲戒解雇の意思表示を受領していないと主張してくることが考えられる。そのため，懲戒解雇の通知についても，郵送，メール，家族への連絡等あらゆる手段を尽くして到達するよう努めた旨主張することになろう。

　　(c)　訴訟実務上のポイント

　職務懈怠を理由とする懲戒解雇の訴訟実務上のポイントは基本的に上記の普通解雇の場合と同様である。求められていた職務の内容および職務懈怠の具体的内容を主張するほか，この職務懈怠の客観的な悪質性（客観的に合理的な理由），本人の立場やこれまで受けていた指導等とそれに対する対応などの社会的相当性に関する事実についても主張する必要がある。

　職務の内容については，通常あまり問題となることはないが，就業規則の規定やメール・その他の証拠をもとに立証を行う。

　職務懈怠の悪質性については，たとえば，他の労働者との比較や，実際に事業運営に支障が出ているようであればそうした事象の指摘を行うことが考えられる。事業の顧客に対して迷惑をかけたような事案があればその点については指摘することが重要である。また，事業への支障という意味では，他の労働者への悪影響（モラルダウン）も考えられる。この点については陳述書等で立証することが考えられる。

　さらに，従前の指導・注意や過去の懲戒処分歴の有無・内容なども重要となる。

　これに対し，無断欠勤を理由とする解雇については，基本的に無断欠勤の事実を出退勤の記録で証明し，合わせて懲戒解雇に至るプロセスを時系列に沿って具体的に主張することとなろう。プロセスの立証に際しては，労働者とのあらゆるコミュニケーション（手紙，電話録音，電子メール等）が証拠となる。

　③　業務命令違反

　　(a)　業務命令違反による懲戒解雇

　労働契約においては，労働者が使用者の指揮命令に従って労務を提供することは本質的な要素となっているから，労働者が使用者の業務命令違反を犯した

場合には，企業秩序維持の観点から懲戒事由に該当し，場合によっては懲戒解雇も有効となることは当然である。しかし，業務命令違反を理由とする懲戒解雇が有効とされるためには，前提として，業務命令自体が適法である必要がある。そのうえで，違反の理由や態様，違反による影響等に鑑み，懲戒解雇が妥当なのかについて検討することになる。最終的手段の原則があるため，一般的には注意や指導などの措置が求められることが多いが，不正の程度が重大であるような場合においては1回限りの行為であってもかかる措置が不要である場合も当然ある。

業務命令違反による懲戒解雇において，比較的多くみられるのが，配転命令違反による懲戒解雇である。一般に，使用者には，労働者に対する広い人事裁量権が認められ，配置転換においても，いわゆる職場や職務の限定のない正社員に対しては，「業務上の必要性が存しない場合または業務上の必要性が存する場合であっても，他の不当な動機・目的をもってなされたものであるとき若しくは労働者に対し通常甘受すべき程度を著しく超える不利益を負わせるものであるとき」は，権利濫用として無効となるが，それ以外の配置転換は，基本的に有効である[88]。したがって，配転命令を拒否した労働者に対しては，懲戒解雇を検討することになる（正当な配転命令であることを前提とすれば，配転拒否している労働者を元の職場で勤務させることはできないため，結局使用者の内部に留め置くことはできないであろう）。もっとも，配置転換を拒否する労働者にも，正当な理由となるかどうかはともかく，配転命令に応じられない（と労働者が考える）理由があるはずであるから，懲戒解雇をする前に，拒否する理由を確認するべきである。その理由が使用者として首肯しがたいものであれば，配置転換命令に応じるよう説得を繰り返し，再三の説得にもかかわらず配転に応じない場合に初めて懲戒解雇に踏み切る，ということになろう。

(b) **訴訟実務上のポイント**

業務命令違反を理由とする懲戒解雇については，まず業務命令が適法な内容であることを主張する必要がある。すなわち，上記の配転命令の場合であれば，配転の必要性（人員配置の変更を行う必要性と，その労働者を異動させる必要

---

88 東亜ペイント事件・最判昭61・7・14労判477号6頁。

性の両方）が存在することである（前掲・東亜ペイント事件においては，「業務上の必要性についても，当該転勤先への異動が余人をもっては容易に替え難いといった高度の必要性に限定することは相当でなく，労働力の適正配置，業務の能率増進，労働者の能力開発，勤務意欲の高揚，業務運営の円滑化など企業の合理的運営に寄与する点が認められる限りは，業務上の必要性の存在を肯定すべきである」と判示している）。これに対し労働者は，業務命令権が権利の濫用であると反論する。つまり，①配転の必要性が存在しない，②労働者の不利益（両親の介護の必要性等）が大きい，③不当な動機，目的（組合つぶし，嫌がらせ等）で行われているといった内容である。このうち，①③については，上記配転の必要性が合理的な内容であることを主張することになるが，②については，そもそも労働者の個人的な事情であり，労働者が主張する事実自体を否定することは困難である。そのため，使用者としては，不利益が特段大きいとはいえない，といった評価を中心に反論することになろう。また，使用者が業務命令を出し，命令違反で解雇するまでにどのようにして労働者に説明し，説得を試みたかという事実についても，主張しておくべきである。この場合には，あらかじめ説得の段階で書面で説明資料を作成する等しておけば，丁寧に説明し検討の機会を与えることができるし，そのことについて後日立証することも容易となる。

④　服務規律違反

　労働者が勤務する事業場は，多数の労働者が集まって業務に従事しているため，企業秩序を維持するためには，一定のルールが必要である。このルールは，主に就業規則の服務規律において定められている。これに違反することは，直接的に企業秩序を侵害することになるため，懲戒解雇事由に該当する。

　(a)　金銭の不正取得

　使用者は，業務の遂行に必要と判断する限りにおいて，労働者に対して，使用者の保有する金銭の使用を認めている。したがって，業務の遂行に乗じて使用者の金銭を業務外の目的で費消することが許されないことは明白である。具体的に最もよくみられるのが交際費の水増しやカラ出張などであるが，そのほかにも通勤手当の不正請求（使用者に申告した通勤経路とは別の経路を用いる等して，通勤手当を浮かせる）等がある。これらは，使用者に直接金銭的損害

を与えるものであるから（そもそも刑事犯であり，被害者が使用者なら多少は許容される，ということはあり得ない），基本的には懲戒解雇事由に該当すると考えられる。

　訴訟実務上は，まず労働者がどのような行為（手口）によって金銭を取得したのか（懲戒事由該当性）について主張する。この場合は，カラ出張であれば出張の申請書と実際の勤務の記録，通勤手当の不当請求であれば通勤経路の届出に対し，実際に使用している経路[89]を証拠として提出することになる。

　次に，労働者の手口によって，使用者が支出した金額について主張立証する。これは，経費精算の書類や労働者に支給した通勤手当の額で証明することができる。

　さらに，こうして不当に入手した金銭を，労働者がどのように使用したのかについても主張すべきである。これは情状に関係する事情といえるが，私的に流用していたことが明らかであれば，懲戒解雇の相当性はより一層高まると考えられる。

　これらの主張に対し，労働者からは，上記の事実を争うことに加え，使用者の管理がずさんであったことを反論してくることがある。仮に使用者の管理が甘かったとしても，金銭の不正取得が許されるわけではないが，裁判所の心証に影響を与える可能性があるため，使用者としては，管理がずさんではないという事実や，労働者が意図的に使用者の監視の目を潜り抜けようとする手口を用いた事実等を主張して反論することになろう。

　また，労働者から，「他の同僚もやっている」という主張がされることも考えられる。この場合，実際に他の同僚も同種行為を行っており，いわば使用者におけるルールが機能していなかった場合に，たまたま発覚した当該労働者だけ処分するのは，確かに公平性に欠けると考えられる。そのため，こうしたケースにおいては，他の労働者で同じような行為をしている者がいないかについても確認したうえで，当該労働者のみを懲戒解雇することが相当である理由についても主張立証することになる。

---

[89] 実際に使用している経路については，場合によっては調査会社などに依頼して確認する必要がある。

(b) 事業場内での活動

事業場においては，使用者が施設管理権を有するため，就業規則上，事業場内での政治・宗教的活動，ビラ配り，集会等を禁止したり許可制にすることが一般的であるが，これらに違反した場合に懲戒事由になるとされている[90]。もっとも，労働者にも表現の自由が認められていることから，この一事をもって，懲戒解雇まで有効と判断されるのは，その目的や態様において，使用者として容認できないほどの企業秩序侵害行為である場合に限られると解される。

訴訟実務上は，こうした行為については，配布された物があればそれが証拠となるが，労働者の行動や音声を証拠として提出するためには，こうした活動が行われたときに，写真撮影，録音，ビデオ録画等を行って，証拠を残しておくことが重要である。また，これらの活動が使用者として容認できないことを裏付ける事実としては，使用者における何らかの被害はもちろん，使用者とは無関係の第三者が迷惑を被っていることを主張することも有益である（たとえば，隣近所からの苦情等）。この場合も苦情の日時，内容等を記録に残しておき，証拠として提出できるようにしておくことが望ましい。

(c) セクシャルハラスメント・パワーハラスメント

(i) セクシャルハラスメント

セクシャルハラスメントは，「職場において行われる性的な言動に対するその雇用する労働者の対応により当該労働者がその労働条件につき不利益を受け，または当該性的な言動により当該労働者の就業環境が害されること」を言うとされる（男女雇用機会均等法11条）。

セクシャルハラスメントが行われるのは，一般には男性の上司から女性の部下に対して行われることが多いが，女性から男性に対して行われたり，同性同士で行われることもある。行為の態様としては，対価型（食事の誘いを断ったことで無視したり配転する等，雇用する労働者の対応により当該労働者がその

---

[90] 電電公社目黒電報電話局事件・最判昭52・12・13民集31巻7号974頁は，事業場内での政治活動について，休憩時間中であったとしても，事業場内での施設の管理や他の職員の休憩時間の自由利用を妨げるおそれがあり，その態様いかんによっては企業秩序を侵害するおそれがあるので，許可制を合理的と判断し，事業場内の秩序風紀を乱すおそれのない特段の事情がない限り懲戒処分の対象となると判示した。

労働条件につき不利益を与える）と環境型（自分の性体験を話したり，交際や結婚等についてしつこく聞くなど，性的な言動により当該労働者の就業環境が害される）がある。セクシャルハラスメントが行われた場合には，被害者となる労働者が深く傷ついて精神疾患に罹患することもあるし，上司と部下の関係がギクシャクして業務に支障を与えることもある。

訴訟実務においては，セクシャルハラスメントが加害者と被害者の二人きりの場で行われることが多いため，使用者の主張立証は，被害者の供述に基づいて行われることが多い（その他，メールやSNSでのやりとりが証拠となることもある）。もっとも，被害者の中には，加害者からの報復をおそれることが多く，また，万が一訴訟となった場合には使用者側の証人として協力を求める可能性があるが，これに拒絶反応を示すこともある。したがって，懲戒処分を下す前に，あらかじめ被害者の意向を確認し，了解を得ておくことが必要である。

なお，被害者のプライバシーを尊重することは当然であるが，正式な懲戒処分を下すのであれば懲戒処分の調査対象者に対して被害者の氏名を明かさなければ公平な処分は困難である。したがって，被害者に対して安易に匿名を保証することは避けなければならない。他方，調査対象者に対しては，被害者に対する報復行為は公正な処分を歪める重大な非違行為であり，そうした行為があればただちに厳罰に処する旨警告を行っておく必要がある。

(ii) パワーハラスメント

パワーハラスメントは，法律上の規定はないものの，一般的には，「同じ職場で働く者に対して，職務上の地位や人間関係などの職場内の優位性を背景に，業務の適正な範囲を超えて，精神的・身体的苦痛を与える又は職場環境を悪化させる行為」とされる[91]。

業務を遂行するにあたって，上司が部下に対して指揮命令する権限を有している以上，職場内で一定の優位性が生じることは，やむを得ないところであり，上司が部下に対して注意・指導を行ったとしても，これがただちにパワーハラスメントに該当するわけではない。問題となるのは，その注意・指導の内容や

---

[91] 厚生労働省「職場のいじめ・嫌がらせ問題に関する円卓会議ワーキング・グループ」報告書参照。

態様が,「業務の適正な範囲」を超えているといえるかどうかである。

この点,海上自衛隊事件・福岡高判平20・8・25判時2032号52頁は,①他人に心理的負荷を過度に蓄積させるような行為は,原則として違法であるべきであり,例外的に,②その行為が合理的理由に基づいて,③一般的に妥当な方法と程度で行われた場合には,正当な職務行為として,違法性が阻却される場合があると判断している。これはパワーハラスメントが不法行為に該当するかについて判断されたものであるが,懲戒においてもその判断枠組みは参考となる。

たとえば,単にいじめに近いような侮辱を与えることや,個人的な指示を強制することは,業務の適正な範囲を超えていることは明らかである。また,注意・指導の内容が適切であっても,大声で長時間にわたり叱責を続ける,衆人環視の下で注意・指導するなどは,過度に労働者に圧迫を与えるおそれがあり,こうした注意・指導は,②合理的理由はあるが,③一般的に妥当な方法と程度とはいえず,業務の適正な範囲を超えると判断される可能性がある。

このようなパワーハラスメントは,周囲との協調性,労働者の生産性を阻害するという点で企業秩序を侵害するばかりか,労働者の精神を圧迫し,うつ病等の精神疾患に罹患させる危険がある。そうなれば使用者の労働者に対する安全配慮義務違反を問われることになり,直接的に企業に損害を与えることにもなる。

そのため,訴訟実務においては,使用者としては,労働者がどのような具体的な言動を行ってきたかという点とともに,これらが業務の適正な範囲を超えていることを主張立証する必要がある。この業務の適正な範囲を主張立証する前提として,被害者がどのような問題を起こしたかについても主張する必要がある。もっとも,被害者の問題行動(ミス)に対して適正な範囲といえるか否かは微妙な判断を迫られることも多い。使用者としては,解雇が有効であることを主張するためには,解雇の直接の理由となった事情だけでなく,過去の被害者に対する当該労働者の言動(およびそれに対する被告の指導の有無),被害者だけでなく,他の労働者に対する接し方等,さまざまな要素を指摘することで,その主張の正当性を補完していく必要がある。また,セクシャルハラスメントと同様に被害者が加害者のことを恐れる可能性があるため,注意を要する。

⑤ 従業員たる地位・身分による規律の違反
　(a) 私生活上の非行
　懲戒処分は，本来企業秩序を維持するためのものであり，使用者が労働者を指揮命令することができるのは業務遂行に必要な範囲に限られる。したがって，業務時間外に労働者が行う行為は，原則として労働者の私生活上の行為であり，使用者の指揮命令は及ばないから，私生活において非違行為を行ったとしても，そのことがただちに懲戒事由に該当するわけではない。もっとも，たとえ私生活上の行為であったとしても，企業秩序に直接関連するものおよび企業の社会的評価を毀損するおそれのあるものは企業秩序による規制の対象になると考えられる[92]。最も問題になるのは，刑事上の犯罪行為に該当するような非行行為である。この場合には，一歩間違えれば使用者の企業名までもがメディアに報道され，使用者の信用毀損につながるリスクもあるから，場合によっては懲戒解雇も検討する必要がある。この点日本鋼管事件・最判昭49・3・15民集28巻2号265頁においては，「従業員の不名誉な行為が会社の体面を著しく汚したというためには，必ずしも具体的な業務阻害の結果や取引上の不利益の発生を必要とするものではないが，当該行為の性質，情状のほか，会社の事業の種類・態様・規模，会社の経済界に占める地位，経営方針及び会社の社会的評価に及ぼす悪影響が相当重大であると客観的に評価される場合」である必要があると判断している。
　したがって，訴訟実務において，私生活上の非行を根拠とする懲戒解雇の有効性を主張する場合，特にその非行と事業との関連性の主張を行うことが重要となる。この場合，具体的な不利益が生じていなくとも，不利益が生じかねなかったことは主張すべきである。これに対し労働者からは，報道がなされなかったから不利益が生じていない，との反論を受けることがある。しかし，これは報道機関がたまたま発見しなかっただけであり，労働者の関与し得ない全くの結果論にすぎず，たまたま報道された労働者と比較すれば，かえって公平を欠く。また，こうした不祥事は後から発覚することも考えられる。さらに，不祥事があったとしても公にさえならなければよい（したがって処分を行わな

92　国鉄中国支社事件・最判昭49・2・28民集28巻1号66頁。

かったまたは処分を軽くした），という姿勢にも捉えられかねず，社会的な信頼をもとに事業を行う企業にとって重大な信用の毀損につながりかねない（特に消費者を対象とする事業にとっては事業ブランドや信用のコントロールには細心の注意が必要となる）。インターネット等の情報技術の発展により，不祥事やコンプライアンスに対する世間の考え方は大きく変化しており，こうした事情について裁判所に説得的に主張することが重要となる。また，刑事事件になった場合，警察等の捜査機関が多くの情報を収集しているが，こうした情報が使用者に提供されることはまずないと言ってよい。使用者としては，あくまでも独自に調査・確認し，判明した事実の範囲で有効に解雇できるか否か検討する必要がある。

(b) **無許可兼職**

多くの就業規則では，その業種を問わず，労働者が他の使用者に採用されたり事業を行うことについて，全面的に禁止するか，使用者の許可の下行うように規定している。そのため，たとえ業務時間外であっても，こうした兼業を行うことは，服務規律違反として懲戒解雇事由に該当することがある。

上記(a)で述べたとおり，業務時間外に労働者が何を行おうと，基本的には使用者がコントロールすべき立場にはないし，そもそもその権限も有していない。仮にそれが収入を得る行為であっても同様である。裁判例も，会社の職場秩序に影響せず，かつ会社に対する労務の提供に格別の支障を生ぜしめない程度・態様の二重就職は禁止の違反とは言えないとしている[93]。もちろん，兼業の内容によっては企業の経営秩序を害し，または企業の対外的信用，体面が傷つけられる場合もあることから，労働者が業務時間外に兼職をすることを懲戒解雇事由とすることは一律には否定されないものの，上記のとおり，裁判においてはこれを理由とする懲戒解雇が認められる場面は限られる。一律の禁止ではなく，届出制にするほか，職務専念義務や秘密保持義務，競業避止義務などの他の実効的な規制にて対応することが望ましい（兼職を通じて労働者がビジネススキルや人脈を身につけ，本業にも活かし得るなどのメリットも考えられる）。

なお，訴訟実務においては，同労働者の兼職内容を明らかにするほか，特に

---

93 橋元運輸事件・名古屋地判昭47・4・28判時680号88頁。

就業時間中に事業に影響がなかったか，それ以外であっても事業に何らかの影響または影響が生じる可能性がなかったかについて主張を行う必要があろう。

　(c)　**秘密保持義務・競業避止義務違反**

　労働契約においては，労働者および使用者双方が信義に従い誠実に権利を行使し義務を履行しなければならないとされる（労働契約法3条4項）。これは，労働契約においては，労働者個人の労働力の提供が契約内容の本質をなし，かつ通常は継続的に労働契約が存続することから，相互の信頼関係が重視されていることによる。その結果，労働者は，労働契約に付随して，秘密保持義務および競業避止義務を負っているとされる。

　秘密保持義務は，文字通り使用者における業務遂行上の秘密情報を第三者に開示・漏えいしてはならないとする義務である。使用者が業務の遂行上取得した情報は，いかなる情報であるとしても，基本的には使用者に帰属するものである。もちろん，漏えいした秘密情報の内容によって，懲戒解雇として相当性があるか否かは問題となり得るが，秘密情報の漏えいが使用者と労働者の信頼関係を毀損することについては異論がなく，懲戒解雇事由に該当し得ると考えられる。

　競業避止義務については，使用者と同業他社において兼業を実施するとか，同業他社を設立して事業を開始することを禁止する義務である。競業避止義務に違反するということは，事実上，使用者の業務を通じて獲得した秘密情報，ノウハウ等を利用して使用者の業務を阻害するに等しく，懲戒解雇事由に該当すると考えられる。また，中には，自身が同業他社を設立等する際に，使用者の他の従業員を引き抜くこともある。他の従業員が退職するか否かは本来当該従業員の意思にゆだねられており，転職を勧めたこと自体がただちに違法性を有するものではないが，使用者の業務への影響も考えずに，多数の従業員を一度に引き抜く場合には，やはり労働者の行為は違法性を有し，懲戒解雇事由に該当することになるだろう。

　訴訟実務においては，秘密保持義務違反においては，漏えいした情報の内容や漏えいの方法について主張立証することになるが，上記のとおり，情報の重要性がポイントとなろう。また，競業避止義務については，競合行為の具体的な内容についての主張立証が重要となる。もっとも，秘密保持義務違反や競業

避止義務違反については，秘密裏に行われることも多いため，この立証には困難を伴う。過去のメールのモニタリングや，証拠保全等の手続を利用しながら，証拠収集を進めることが必要となる。そのうえで，事業への影響（取引先や売上げの減少）や労働者の転職などについて具体的な主張立証を行う必要がある。

(5) 懲戒解雇の手続

① 弁解の機会の付与

懲戒解雇を実施するに際して，労働者本人に弁解の機会を与えることは，法律上は義務付けられているわけではないし，裁判例の中には，弁解の機会を付与しなかった場合でも懲戒処分を有効としたものもある[94]。しかし，上記のとおり，懲戒解雇が刑法上の刑罰に対比して考えられていることや，実際上の紛争の予防の見地からすれば，行為をした労働者には，懲戒処分の是非，程度について，自らを弁護する機会を与えることが相当であると考えられる。この際，労働者の言い分を十分に聴取する必要がある。そうした対応をとらなかった場合，労働者が「自分の言い分も聞かずに一方的に解雇された」といった主張してくることも考えられる（逆に処分前に労働者の言い分を聞いておけば，後日訴訟になった場合になされるであろう反論を予想することが可能となるし，訴訟において異なる主張を行ってきた場合はその矛盾を指摘することも可能となる）。また，労働者が，「事情を聴かれたから話しただけで，今後どうなるのかの説明もなく，反論等をする機会は与えられなかった」と主張することもある。したがって，懲戒処分の前提として労働者に弁解の機会を付与していることを明示したうえで言い分を聞くことが重要である。

② 懲戒委員会

懲戒処分を決定するのは使用者であるが，使用者が判断する前段階として，懲戒委員会といった組織において，懲戒処分の是非・程度について検討させることがある。懲戒委員会を設置するか否かは使用者の任意であり，委員会の構成についても制限はない（労使の代表が委員として選任されることもあれば，使用者の役員や幹部社員等，中枢的な人物で構成されることもある）。ただし，

---

94 千代田学園事件・東京高判平16・6・16労判886号93頁。

規程において懲戒委員会を設置するとされている場合は，使用者が懲戒委員会を開かずに懲戒処分を決定することは，原則として手続違反となり，懲戒解雇も無効となり得る[95]。そこで上記の弁解の機会と同様，規程上の手続を適正に踏んだうえで解雇するべきである。

③ 自宅待機

(a) 自宅待機命令の適法性

一般に，罪を犯したと疑われる一般市民について，罪証隠滅や逃亡のおそれがある場合には，逮捕（刑事訴訟法199条）・勾留（同法204条）といった身柄を拘束する手続が行われる。これに対し，懲戒解雇の場合には，逃亡のおそれについてはそこまで大きな問題になることは少ないが（行方不明になり，無断欠勤が長期化すれば，その事実自体が懲戒解雇事由となる），罪証隠滅の危険は予想されるところである。実際にも，自身に懲戒処分の嫌疑がかけられていると知った労働者がPC上のメールや資料等のデータを削除したり，あるいはハラスメントに関する調査が行われていると知った加害者が，被害者に対して圧力をかけたり，他の労働者と口裏を合わせるよう試みることはしばしば見られる。

こうした調査妨害を防ぐため，労働者に対して，「自宅待機命令」が出されることがある。これは，懲戒処分の調査が終了し決定がされるまでの間，出社させずに，自宅での待機を命じるというものである（その間は他の労働者や役員との接触やメールアカウントへのアクセスも禁止する）。

こうした自宅待機命令も，業務上の必要性が認められることから，原則として適法となる。ただし，調査に比して過度に長期にわたる場合等には，業務命令権の濫用であるとして違法と判断されるケースもあり得ると考えられる。訴訟実務においても，労働者が，自宅待機の違法性を主張し，懲戒手続の不当性を訴える可能性があるため，自宅待機を命じる期間は，実際の調査に必要と考えられる合理的な期間にとどめるべきである（通常は1週間から長くても1カ月程度ではないかと思われる）。

---

[95] 懲戒委員会を開催しないでなされた懲戒処分が無効と判断された事例として，中央林間病院事件・東京地判平8・7・26労判699号22頁。

(b) 自宅待機期間中の賃金

　自宅待機期間中は，当然のことながら使用者に労務を提供することができない。労働者が労務を提供できない場合は，基本的には「ノーワーク・ノーペイ」の原則が適用されるが，自宅待機は，いわば使用者の指示による休業であるから，「使用者の責めに帰すべき事由による休業」に該当し，労働基準法上は，自宅待機期間中，平均賃金の6割以上の手当を支払う必要があると考えられる（労働基準法26条）。さらに，自宅待機命令は，使用者の責めに帰すべき事由によって自身の債務が履行不能になっているのであるから，民法上の危険負担の法理に従えば，労働者は賃金請求権を失わず，自宅待機期間中の賃金全額を使用者に請求できると考えられる（民法536条2項）。したがって，自宅待機中に賃金が十分に支払われなかった場合，労働者より，解雇が無効であるとの主張に加え，未払賃金の支払についても請求してくることがある。

　もっとも，民法536条2項は民法上の規定であり，当事者の合意により排除することが可能と解されている。したがって，就業規則等に「使用者の都合により，社員を休業させた場合は，労働基準法26条に定めるところにより，当該労働日の賃金額について，同法12条に規定する平均賃金の6割に相当する賃金額を保障する。なお，民法536条2項にかかわらず，社員は，右休業手当の金額を超えた賃金相当額は請求し得ない」といった規定を置くことも考えられる。

5　期間の定めのある労働者に対する解雇・雇止め

　期間の定めのある労働契約（有期労働契約）を締結した労働者（有期契約労働者）は，文字通り労働契約上の契約期間が満了すれば契約が終了するため，解雇が問題となるのは，本来労働契約が存続している契約期間中の解雇のみである。しかし，我が国の雇用慣行として，期間の定めのある労働契約でも繰り返しこれを更新した結果，長期間にわたって雇用し続けるという実態が広く見られるに至ったため，期間満了による労働契約の終了についても，一定の場合には保護されるに至っている。

(1) 契約期間途中の解雇

　有期契約労働者の契約期間中の解雇については，元々は民法628条に「当事者が雇用の期間を定めた場合であっても，やむを得ない事由があるときは，各当事者は，直ちに契約の解除をすることができる。」と規定されていた。これは，有期労働契約の場合には，そもそも労働契約の期間が満了すれば労働契約が終了するため，有期労働契約期間中はむしろ原則として使用者による解雇も労働者による退職もできず，例外的に「やむを得ない事由」がある場合には解雇・退職が可能とされていたものである[96]。もっとも，上記民法628条の規定は，例外として当事者の労働契約の解除権を保障したものであるから，解除事由をより厳格にする当事者間の合意は無効であるが，解除事由を緩やかにする合意までは禁じられないとする裁判例もあり[97]，ある程度合意による解除事由の修正が可能と考えられてきた。

　しかし，平成24年の労働契約法改正によって，新たに「使用者は，期間の定めのある労働契約について，やむを得ない事由がある場合でなければ，その契約期間が満了するまでの間において，労働者を解雇することができない」と規定されるに至り（同法17条），やむを得ない事由がある場合でない限り使用者による労働契約期間中の解雇ができないことが明記された。これによって，期間途中の使用者による解雇については，一定の事由により解雇することができる旨を労働者および使用者が合意していた場合であっても，実際に行われた解雇について「やむを得ない事由」があるか否かが個別具体的な事案に応じて判断されることとなった[98]。

　なお，この「やむを得ない事由」については，上記の雇用保障の意義に照らして考えれば，「客観的に合理的な理由を欠き，社会通念上相当である」とする期間の定めのない労働契約における解雇の要件（同法16条）よりも厳格に解するべきと考えられ[99]，契約期間は雇用するという約束があるにもかかわらず，

---

[96] 菅野305頁は，「雇用の存続期間を一定期間保障しあう意義がある。」とする。
[97] ネスレコンフィクショナリー関西支店事件・大阪地判平17・3・30労判892号5頁は，労働契約書に規定されていた，労働者または使用者の都合により契約期間内においても解約することができるとの条項を民法628条に違反しないと判断した。
[98] 菅野334頁は，労働契約法17条1項の規定を強行規定であるとしている。

期間満了を待つことなくただちに雇用を終了させざるを得ないような特別の重大な理由を必要とするとの見解も見られる[100]（安川電機八幡工場事件・福岡高決平14・9・18労判840号52頁は，期間途中の解雇を行うには，雇用期間の中途でなされなければならないほどのやむを得ない事由が必要であると判示し，使用者に人員削減の必要性は認められるものの，3カ月の雇用契約期間の終了を待つことなく解雇しなければならないほどのやむを得ない事態が発生したとは認められないとして，解雇を無効と判断した）。

以上のことからすれば，有期契約労働者を期間途中で解雇した場合，訴訟においては，余程の事情がない限り，解雇が有効と判断されない可能性がある。解雇の理由としては，これまで述べてきた内容と同じであるが，使用者としては，無期契約労働者を解雇する場合よりもいっそう多くの事実を主張し，またこれ以上契約を維持することが困難であった理由も主張する必要がある。また，場合によっては，期間満了までは解雇せず，契約期間の満了をもって契約を終了させる選択肢も検討すべきである。

(2) 契約期間満了による労働契約の終了（雇止め）
① 裁判例の集積，法制化

前記のとおり，有期労働契約においては，契約期間が満了すれば契約の効力は当然に終了するのが本来であるが，我が国においては，有期労働契約の契約期間が満了しても更新されることが繰り返され，実質的に長期雇用されるケースや，業務内容等において労働契約期間よりも長期の雇用が想定されているケースが見られるようになってきた。それにもかかわらず，これまで更新されてきた有期労働契約を，ある日突然，使用者が契約期間満了によって終了することは不合理であると考えられるに至り，まず，東芝柳町工場事件・最判昭49・7・22労判206号27頁において，期間2カ月で臨時工として雇用された労働者が，5回〜23回の契約更新を受け，従事する仕事の種類，内容も本工と同じであり，使用者からも長期継続雇用，本工への登用を期待させるような言動

99　厚生労働省「労働契約法の施行について」平24・8・10基発0810第2号。
100　菅野334頁。

をとっていたにもかかわらず，当該労働者を契約期間満了で雇止めしたのに対し，裁判所は，「本件各労働契約は，期間の満了毎に当然更新を重ねてあたかも期間の定めのない契約と実質的に異ならない状態で存在していた」として，使用者による雇止めが実質的に解雇と同視でき，解雇に関する法理（解雇権濫用法理）を類推適用すべきとした。続いて前掲・日立メディコ柏工場事件では，契約更新が5回行われたもののその都度事前に本人の意思確認を行い契約書を更新していたため，裁判所は前掲・東芝柳町工場事件のように「期間の定めのない労働契約が存在する場合と実質的に異ならない関係」が生じたということはできないと判示したものの，工場での業務内容が季節的労務や特定物の製作のような臨時的作業のために雇用されるものではなく，その雇用関係は「ある程度の継続が期待されていた」として，解雇に関する法理が類推適用されると判断した。

こうした裁判例の蓄積の結果，平成24年の労働契約法改正において19条が設けられ，

> 労働契約法19条
> 1号　当該有期労働契約が過去に反復して更新されたことがあるものであって，その契約期間の満了時に当該有期労働契約を更新しないことにより当該有期労働契約を終了させることが，期間の定めのない労働契約を締結している労働者に解雇の意思表示をすることにより当該期間の定めのない労働契約を終了させることと社会通念上同視できると認められること。
> 2号　当該労働者において当該有期労働契約の契約期間の満了時に当該有期労働契約が更新されるものと期待することについて合理的な理由があるものであると認められること。

のいずれかが認められる場合には，使用者が雇止めをする場合でも，客観的に合理的な理由および社会通念上の相当性が必要であり，これらが認められない場合には，使用者は，従前の有期労働契約の内容である労働条件と同一の労働条件で当該申込みを承諾したものとみなす旨規定されるに至った。

② 労働契約法19条1号

上記のとおり，労働契約法19条1号は，有期労働契約を反復して更新することにより，期間の定めのない労働契約を締結しているのと社会通念上同視でき

る場合に，当該有期労働契約を，契約期間満了を理由に終了させるには，同法16条の解雇権濫用法理と同様の法理が適用されることになる。

そのため，労働者が同法19条1号を理由に雇止めの無効を主張する場合には，まず，労働契約が反復して更新されていることを主張することになる。この反復更新の事実自体は，労働者が虚偽の事実を主張しているのでない限り，使用者として反論することは困難であろう。次に，労働者は，期間の定めのない労働契約と社会通念上同視できる事情を主張することになるが，その典型的な事情として，「黙示の更新」と「自動更新条項」がある。

(a) 黙示の更新

労働契約においては，民法上黙示の更新が認められている。すなわち，民法629条1項前段は，「雇用の期間が満了した後労働者が引き続きその労働に従事する場合において，使用者がこれを知りながら異議を述べないときは，従前の雇用と同一の条件で更に雇用をしたものと推定する」と規定している。黙示の更新後の労働契約も，更新前と同様有期労働契約が成立したものと考えることが適切である[101]（タイカン事件・東京地判平15・12・19労判873号73頁では，有期労働契約について黙示の更新がなされた場合，民法629条1項の「従前の雇用と同一の条件」との記載を根拠に，契約期間についても従前と同様1年であると判断した）。

黙示の更新が認められるような場合には，期間の定めのない労働契約と社会通念上同視されると判断される可能性があるため，使用者としては，無条件に労働契約を更新していたわけではないことをうかがわせる事情について主張することとなる。東芝ライテック事件・横浜地判平25・4・25労判1075号14頁[102]では，期間3カ月の有期労働契約を少なくとも43回にわたって更新していたものの，更新の都度，労働者と面談し，新たに労働契約書を締結していたことを理由に，「期間の定めのない契約と変わりないものとなっていたと認めることはできない」と判断している（もっとも，このように更新を繰り返している場合には，労働契約法19条1号には該当しなくても，後述する同条2号に該当する可能性はある）。他方で，ニヤクコーポレーション事件・大分地判平

---

[101] 菅野326頁。
[102] 三洋電機（契約社員・雇止め）事件・鳥取地判平27・10・16労判1128号32頁も同様の趣旨で労働契約法19条1号の適用を否定している。

25・12・10労判1090号44頁では，就業規則上は更新の際に面談すべきことが規定されていたものの，更新時に必ず面談していたわけではなく，労働契約の期間に制限があることを労働者の理解が得られるように説明をしていたとは認められないこと，これまで更新拒絶した回数が少なく，勤務実態もほぼ正社員と同じだったとして，労働契約法19条1号を適用している。

(b) **自動更新条項**

また，一般的な継続的契約においては，契約期間を定めた後，「契約期間満了1カ月前までに，甲乙のいずれかから異議が申し出られなければ，契約を1年延長し，以後も同様とする。」といった自動更新条項が設けられることがある。これを有期労働契約において規定した場合には，労働契約上も更新手続を行わないと表明したに等しく，その結果更新手続をしないまま契約更新が繰り返されることとなり，労働契約法19条1号に該当すると判断される可能性が高いといえる。エヌ・ティ・ティ・ソルコ事件・横浜地判平27・10・15労判1126号5頁においては，労働者との労働契約書に，「雇用期間満了1カ月前迄に，甲・乙双方から何らの意思表示がないときは，契約期間1カ月延長する。以後もこの例による」との自動更新条項が規定され，実際にも17回（15年7カ月）にわたって更新し，契約書もロッカーに配布される労働契約書に署名押印して提出するという形式的な手続しかとってこなかったこと等を理由に，同号の適用を認めた。

自動更新条項が労働契約に規定されている場合には，使用者としては，自動更新条項の存在にもかかわらず，毎回更新手続を実施していたといった実態でもない限り，これを否定することは難しいと考えられるため，自動更新条項は規定しないことが望ましい。

③ **労働契約法19条2号**

労働契約法19条2号は，当該有期労働契約が更新されるものと期待することについて合理的な理由が生じる場合に適用されるが，この更新に対する期待が合理的な理由については，さまざまな要素から総合的に判断されるため，訴訟においてもさまざまな事実を主張する必要がある。

(a) **更新回数・契約年数**

有期労働契約においても，期間満了で契約を終了させることなく更新を繰り

返していれば、おのずと「次回も更新してくれる」という期待を抱かせることになる。そのため、更新回数が多ければ多いほど、更新に対する期待は高まるといえる。また、更新回数が少なくても、長期にわたり契約が継続している場合には、更新に対する期待が高まるといえる。

実際にどの程度の回数が更新されれば合理的な期待が高まるといえるかについては、明確な基準があるわけではないが、一般的な傾向としては、3回くらいまでであれば、更新の期待が生じないといえるケースが多いように思われるのに対し、4回を超えると更新に対する合理的な期待が認められやすくなるように思われる[103]（有期労働契約が1年更新のケースでは、契約を4回更新すると、労働契約法18条により無期転換権も発生することになる）。もちろん、これら更新回数や契約年数は、更新に対する合理的な期待の有無を判断するうえでの要素の一つにすぎないから、更新回数のみによりただちに合理的期待の有無が決定されるわけではない。しかし、更新回数や契約年数は通常は客観的に争いなく認定できる事実であること、回数が増え契約年数が長期化すればするほど、「その後も更新される」という期待が高まることは自然であると考えられるため、更新に対する合理的な期待の有無を判断するうえでの事実上の比重は大きいと考えられる。

もっとも、更新回数や契約年数については客観的な事実であるため、使用者としても、労働者の主張に対して反論できる余地は少ない。そのため訴訟実務においては、更新回数については認めつつ、その他の事情によって更新に対する合理的な期待が生じているとはいえないと主張することが多い。

(b) **有期契約労働者の従事する業務内容**

有期契約労働者は雇用の期間が限定されていることを前提とすれば、有期契約労働者に対して従事させる業務内容は、いわゆる正社員とは異なり、臨時的・補充的な業務内容になると考えられる。それにもかかわらず、有期契約労

---

[103] 例として、E-グラフィックスコミュニケーションズ事件・東京地判平23・4・28労判1040号58頁は、契約更新回数3回、契約期間3年8カ月の契約社員に対して、更新に対する合理的期待を否定した。また、京都新聞COM事件・京都地判平22・5・18労経速2079号3頁は、契約更新回数4回、契約期間4年11カ月の契約社員に対する更新に対する合理的期待の存在を認めた。

働者に対して，雇用契約期間を超えるような長期間の対応，あるいは恒常的に対応を求められるような業務に従事させたり，正社員と同様の業務内容に従事させたり，正社員と同様に，特定の業務以外のさまざまな業務に従事させることは，有期契約労働者において，契約の更新に対する合理的な期待を生じさせる要素となると考えられる。たとえば，前掲・Ｅ－グラフィックスコミュニケーションズ事件は，嘱託契約社員が従事していたクリエイティブ・ディレクターの業務がプロジェクトを仕事の単位として，限定された期間における貢献度を評価の対象とすることから１年ごとの嘱託契約社員向きの業務であると認定していたのに対し，前掲・京都新聞COM事件では，業務は，広告記事の作成やイベントの運営など，新聞編集等の業務と比べると軽いものではあるが，ほぼ自分の判断で業務を遂行しており，誰でも行うことができる補助的・機械的な業務とはいえないと判断しており，これらの要素も，更新に対する合理的な期待の有無を判断するうえで考慮されている。

そこで訴訟実務においては，使用者は，正社員と契約社員の業務内容の違い，正社員と契約社員でカバーする範囲が異なる，責任の重さが異なるといった事情を主張していくことになる。また，通常，正社員については，配置転換が行われるだけでなく，現場の責任者となるなど，有期契約労働者とはその担う業務や将来性に質的な違いが存在するから，こうした事情も，「正社員とは異なる」ことを主張するうえでは参考になるだろう[104]。

(c) **更新を期待させるような使用者の言動**

また，使用者が，有期契約労働者に対して，更新や継続的な雇用を期待させるような発言をすることも，更新に対する合理的な期待を生じさせる要素になると考えられる。報徳学園（雇止め）事件・神戸地尼崎支判平20・10・14労判974号25頁では，校長が常勤講師の労働者に対し，「１年間しっかり頑張れば専任教諭になれる」との趣旨の発言をしたことが，期待の合理性を一層高める要素として認定されている。

他方で，契約更新時に新たな契約書に署名押印してもらうだけでなく，面談

---

104 労働契約法20条は，「業務の内容及び当該業務に伴う責任の程度，当該職務の内容及び配置の変更の範囲その他の事情」を，無期契約労働者と有期契約労働者の労働条件の相違が不合理か否かを判断するための要素としている。

を行うなど更新手続を厳格に行っていれば，契約更新に対する合理的な期待を生じさせないようにすることも可能であると考えられる。たとえば，ミスが多いなど問題のある有期契約労働者に対し，更新時に，問題点を指摘したうえで，「これら問題点の改善が見られない限り，次回の更新はできない」等説明することは，更新に対する期待を減少させる一つの要素になり得ると考えられる[105]。実際に，毎年全員を更新するのではなく，業績によっては更新しない労働者が一定程度存在する場合には，なおさら更新に対する期待を遮断することが可能となる。また，使用者の業績が不振である場合に，「直ちに契約を打ち切ることはしないが，今回で最後にしてもらいたい」旨説明することも，更新に対する期待を生じさせない方向に働く要素になり得ると考えられる（さらには次項の不更新条項の合意もできれば望ましい。後述する本田技研工業事件も参照）。

したがって，使用者が，日ごろから更新手続をきちんと行い，時には更新しない労働者も出るなど，「更新されるのが当然」と思われない職場環境を形成しておくことは，訴訟実務においても有効である。

(d) **不更新条項・更新限度条項**

有期労働契約を長期間・多数回にわたり更新していた場合でも，更新の際に，「本契約の更新をもって最後とする」旨説明を受け，「更新しない」と記載された有期労働契約書に署名・押印していれば，原則として更新の期待は生じないと考えられ，当該有期労働契約の期間満了をもって労働契約を終了することは可能と考えられる。本田技研工業事件・東京高判平24・9・20労経速2162号3頁[106]は，経営状況の悪化，減産により業務量が確保できず，工場の期間契約社員全員を雇止めせざるを得ないことを説明したうえで，不更新条項が規定された雇用契約書に署名・押印した労働者に対する雇止めを有効と判断している。

---

[105] 前掲注103・E－グラフィックスコミュニケーションズ事件でも，各契約期間の成果等に関する評価資料に基づき，労働者とその上長との間において面談を実施したうえ，これを踏まえ年俸の額等を決定していた等厳格な更新手続をとっていた。

[106] また，近畿コカ・コーラボトリング事件・大阪地判平17・1・13労判893号150頁も不更新の合意を認め，労働契約の継続が期待されていたとはいえず，解雇権濫用法理を類推適用する余地はないと判断した。

また、労働者に過度の更新の期待を抱かせないために、むしろあらかじめ有期契約労働者との契約更新回数の上限を定め（たとえば、「更新回数は、最大で3回とする。」等）、有期契約労働者を無期契約労働者とは区別して取り扱おうとするケースもある。この場合にも、更新の上限を超えてまで有期労働契約を更新するという期待は発生しにくいといえるだろう。北海道大学事件・札幌高判平26・2・20労判1099号78頁においても、3年雇用の方針を理解して不更新条項の記載された契約書にも署名・押印した労働者について、更新に対する合理的な期待は生じないと判断している。

　したがって、訴訟実務においては、こうした記載のある雇用契約書を証拠提出すれば、それだけで更新拒絶を適法と判断される大きな要素となる。ただし、更新限度条項の場合には、上限を設けることで、逆に上限回数までは更新を続けてもらえるものとの限定的な期待を生じることもあり得るので、上記の雇用契約書だけでなく、業務内容や更新手続における説明内容等に関する主張は必要と考えられる。

　もっとも、これらの不更新条項や更新限度条項についても、規定する以上、そのとおりに適切に運用することが大前提である。契約書上の文言には「更新しない」と記載しながら実際には更新を繰り返しているとか、上限を超えてもなお更新を続けているような実態が労働者から主張された場合には、更新に対する合理的期待が認められる可能性がある。前掲・京都新聞COM事件では、契約社員については3年を超えて更新しないとする3年ルールが存在したが、実際には例外も多く認められ、ルールの存在自体は説明していたことはうかがわれるものの、厳格な適用までは想定していなかったとして、3年ルールの存在を前提としても合理的な期待は失われないと判示した。また、前掲・報徳学園（雇止め）事件では、常勤講師として3年目の契約更新時に、使用者が「常勤講師の雇用は上限3年」と通知し、当該契約期間満了をもって雇止めされた事案であるが、回数制限について周知されておらず、労働者に一方的に通知されたもので、新たに合意したものではないと判断した[107]。

107　なお、明石書店事件・東京地判平21・12・21労判1006号65頁では、正社員に登用できない契約社員の契約を打ち切る方針を立てていたとして、特定の契約社員の雇用契約に対して不更新条項の追加を通告したが、裁判所は、「本件において、契約社員との間

(3) 定年後再雇用者の労働契約の終了（雇止め）

① 定年後再雇用制度

　事業主は，労働者の定年について60歳を下回ってはならず，また労働者の65歳までの安定した雇用を確保するため，①定年の引き上げ，②継続雇用制度，③定年制の廃止の高年齢者雇用確保措置のいずれかを講じなければならない[108]。これは人口の高齢化に伴う，公的年金の受給開始年齢の引き上げを端緒とするものであり[109]，現在では99％以上の企業が上記①～③のいずれかの措置を講じ，そのうち80％以上の企業において，②継続雇用制度を導入している[110]。継続雇用制度を導入している企業では，通常定年退職者と１年契約の有期労働契約を締結し，65歳まで契約を更新している。この点，平成24年改正前までは，使用者は過半数労働組合あるいは過半数代表者との協定によって再雇用する対象者を限定することもできたが，同年の改正（平成25年４月施行）によって，原則として継続雇用を希望する労働者全員を再雇用しなければならなくなった。

② 定年後再雇用者に対する雇止め

　上記のとおり，これら定年後に再雇用されている労働者との雇用契約は，通常１年契約の有期労働契約であるため，再雇用者に対する雇止めの成否についても，原則として，前記(2)と同様労働契約法19条が適用される。もっとも，定年後再雇用については，65歳までの高年齢者雇用確保措置の結果導入されていることに鑑みれば，更新限度条項と同様，65歳を超えた契約更新の期待は生じない一方で，65歳までの雇用確保については合理的な期待が生じている可能性が高く，雇止めに際しては，客観的に合理的な理由と社会通念上の相当性が求められる場合が多いと考えられる。東京大学出版会事件・東京地判平22・８・26労判1013号15頁では，定年退職者が再雇用を希望したにもかかわらず，同定

　で有期労働契約を締結しておきながら，その取扱いを正社員登用か不更新予定条項のいずれかに限定し，契約の反復更新の可能性を排除するという方針」自体を不合理と判示している。

108　高年齢者雇用安定法８条・９条。
109　菅野101頁参照。
110　厚生労働省「平成27年『高年齢者の雇用状況』集計結果」参照。

年退職者に対して再雇用拒否の意思表示をするのは、解雇権濫用法理の類推適用によって無効になると判示したうえ、労働者の職務上の知識経験は申し分なく、健康状態等に問題をうかがわせる事情もないとして、使用者による再雇用拒否を無効と判断した。

　なお、仮に定年制および定年後再雇用制度を設けていた場合であっても、定年・再雇用の手続を適切に実施していない場合には、定年制度下においても、雇用が継続するとの慣行が存在すると認定されることがある[111]。この場合には、60歳以降の労働者であっても、有期契約労働者ではなく、定年前の労働契約がそのまま存続するため、当該労働者を退職させる場合には、雇止めではなく、定年前と同様の解雇を行う必要があることに注意すべきである。

　したがって、定年後再雇用の労働者を契約期間満了で雇止めするのであれば、基本的に、定年前の解雇と同様の理由を準備したうえで雇止めを実施し、訴訟においても、それらの事実を主張することが望ましい。

111　協和精工（本訴）事件・大阪地判平15・8・8労判860号33頁。

第3章

残業代請求訴訟

　残業代請求訴訟においては，使用者が支払っていると考えているにもかかわらず，労働者が時間外・休日・深夜割増賃金が支払われていないとして請求するものである。しかしながら，訴訟実務上は，法律上の規定が抽象的であることもあって，使用者が適法と考える賃金制度と，法律上の要件の間に乖離が存在することも多く，その結果，訴訟において使用者が敗訴することも散見される。仮に裁判所によって賃金制度そのものが否定されると，他の労働者にも影響が生じることになり，使用者に対して与える影響は大きい。
　こうした事態を防ぐためには，まずは法律上の労働時間や賃金に関する概念を，裁判例等に照らして正確に理解することが重要である。そのうえで，実際に訴訟に発展した場合には，いかにして労働者全体に波及させないかという観点も考慮しながら主張立証を行っていく必要がある。

第3章 残業代請求訴訟

第1節

残業代請求訴訟の特徴

1 紛争リスクが高い

　残業代の請求は，賃金という労働者にとって重要な労働条件の支払に関するものであり，実務上，最も紛争になりやすいトピックの一つである。また，以下で述べるとおり，労働時間，割増賃金の算定基礎等は，法律に従って厳格に適用されるため，残業代が裁判で請求された場合には，実務上は正しいと思っていた労働時間管理の手法に問題があると判断され，残業代の支払を命じられるケースがしばしば見られる。

2 敗訴した場合の影響が大きい

　加えて，仮に一部の労働者が残業代を請求して訴訟を提起した場合であっても，使用者が敗訴することは，使用者が採用している賃金制度にいわば「欠陥」があったことを意味することが多い。その結果，残業代請求訴訟を提起していない他の労働者についても，未払残業代が存在する可能性が出てくることになり，多数の残業代請求訴訟が提起されるリスクを抱えることになる。このリスクを回避するために，賃金制度の改定や，労働者全員に対する過去の残業代の精算等の手続をとることもある。このように，特定の労働者に対する賃金支払は，同じ制度を適用しているすべての労働者に対しても波及する可能性がある。

3 訴訟提起前を含め，和解による解決がよく見られる

　以上のとおり，残業代請求訴訟が提起されることは，使用者にとって敗訴のリスクや請求した労働者以外の労働者に波及するリスクを生じさせることになるが，和解で解決する場合には，使用者の賃金制度が違法か適法かという判断を避けることが可能となる。また和解条項において口外禁止条項を設けることで，他の労働者への波及を避けることも可能となる。一方，労働者としても，長期間にわたり裁判を続けることは費用も手間もかかることから，請求金額の全額を得ることよりも早期解決のほうを希望する傾向がみられる。以上のことから，残業代請求訴訟においては，訴訟提起前や訴訟提起後においても，判決に至る前に和解の話合いが行われ，実際に和解が成立するケースが多い。最近では，こうした実態に着目し，残業代請求について積極的に受任する弁護士も多く見られる。

　もっとも，和解を行う場合であっても，使用者側が，労働者の請求について是々非々で対応することは当然であるし，訴訟に発展する場合のことも考えれば安易な妥協はできない。また，和解に際しては，当該労働者との間の紛争解決のみならず，その他の労働者への影響等も加味したうえで，方向性を検討する必要もある。

　したがって，和解に応じるか否かについては，事案によって判断するほかないのが実態である。

　以下では，残業代請求訴訟において実務上論点となる事項や留意点について解説する。

第2節

残業代請求の基礎となる法律知識

1　時間外・休日労働

　法令上，労働時間については以下の規制があり，これを「法定労働時間」という。

- 1週については40時間（労働基準法32条1項）
- 1日については8時間（同法32条2項）

　また，使用者は，毎週少なくとも1回の休日を与えなければならない（同法35条）。
　上記の「法定労働時間」の制限を超えて労働者を労働させる場合あるいは休日に労働させる場合には，非常事由による時間外労働（同法33条）あるいは三六協定の締結と届出（同法36条）の要件を満たす必要がある[1]。これをそれぞれ「時間外労働」「休日労働」という。
　そして，労働者に時間外労働あるいは休日労働をさせた場合には，使用者は同法37条に規定された割増賃金の支払義務が生じる。
　なお，就業規則上の始業時刻から終業時刻までの時間から休憩時間を除いた時間を「所定労働時間」という。通常，基本給等の賃金はこの所定労働時間に対する賃金であるから，所定労働時間を超えた場合には，残業代を支払う必要

---

[1] 当該要件を満たさない場合には，使用者には罰則が科される可能性がある（労働基準法119条1号・2号・120条1号）。

がある。しかし，所定労働時間が法定労働時間より短い場合には，割増賃金の支払が必要になるのは法定労働時間を超えた時間についてのみであり，所定労働時間を超えたが法定労働時間を超えない労働時間については，割増賃金の支払までは不要であり，通常の時給単位で支給することになる（「法定内残業」ということもある）。

【例】時給1000円の場合

9:00　　　　　　　　　　　　　　17:00　　　　18:00

所定労働時間7時間（休憩1時間）	法定内残業	法定外労働時間
時給1000円	時給1000円	時給1250円

2　割 増 率

　使用者は，時間外労働，休日労働および深夜労働について，通常の労働時間または労働日の賃金の計算額に，それぞれ一定の割増率を乗じた割増賃金を支払わなければならない（労働基準法37条）。この割増賃金が一般に「残業代」と言われるものである。

　法令上は，各労働時間の割増率について，その下限が定められているのみであり，実際に適用する割増率は，就業規則や雇用契約書において定めておく必要がある（定めがなければ法定の割増率が適用される）。

(1)　時間外労働の割増率

　法定労働時間を超えて労働をさせた場合には，その時間に対し，通常の賃金のほかに，賃金の2割5分以上の割増賃金を支払わなければならない（労働基準法37条1項本文，労働基準法第37条第1項の時間外及び休日の割増賃金に係る率の最低限度を定める政令（以下「割増賃金令」という）。ただし，1カ月[2]に合計

　2　「1カ月」とは，暦による1カ月をいうものであり，その起算日を同法89条2号の

60時間以上の労働をさせた場合には，その60時間を超える時間外労働の割増率は，5割以上の率としなければならない（労働基準法37条1項本文ただし書）[3]。なお，過半数労働組合あるいは過半数代表者との労使協定により，1ヵ月に合計60時間を超える時間外労働について，5割以上の率の割増賃金を支払う代わりに，代替休暇を与えることもできる（同法37条3項）。

(2) 休日労働の割増率

休日労働をさせた場合には，その時間の賃金の割増率は，3割5分以上の率としなければならない（労働基準法37条1項本文，割増賃金令）。なお，上記のとおり労働基準法上の休日は毎週1回であり，それ以外の休日は同法上の休日ではない「法定外休日」である。たとえば，毎週1回の法定休日を日曜日と定めたが，日曜日以外にも土曜日，国民の休日（その日が日曜日である場合はその翌日），年末年始，会社の創立記念日等を休日と定めている場合に，法定外休日に労働させても，休日労働に対する割増賃金を支払う必要はない。もっとも，法定休日以外の休日に労働させた結果，前記1週40時間の法定労働時間の制限を超えた場合には，通常の時間外割増賃金を支払う必要があるので，注意が必要である。

(3) 深夜労働の割増率

労働時間の制限とは異なるが，午後10時から午前5時までの間の深夜労働をさせた場合についても，使用者は割増賃金を支払わなければならず，その割増率は，2割5分以上の率としなければならない（労働基準法37条4項）。

「賃金の決定，計算及び支払の方法」として就業規則に記載する必要がある（平21・5・29基発0529001号）。

3 同法37条1項ただし書は，当分の間は，中小企業主の事業について適用しないと規定されているが（同法附則138条），本書執筆時点で国会に提出されている労働基準法改正案では，上記適用除外の撤廃が提案されている。

(4) 時間外労働，休日労働，深夜労働が重なる場合の割増率

　時間外労働が深夜労働にも該当する場合，その時間の賃金の割増率は，5割以上（1カ月合計60時間を超える時間外労働に該当する場合には7割5分以上）の率としなければならない（労働基準法施行規則20条1項）。また，休日労働が深夜労働にも該当する場合，その時間の賃金の割増率は，6割以上の率としなければならない（同法施行規則20条2項）。なお，休日労働が時間外労働にも該当する場合については，休日労働に関する規制のみが及び，時間外労働に関する規制は及ばないので[4]，その時間の労働の割増率は，3割5分以上とすればよい。

4　菅野498頁。

第3節

労働者からの残業代請求

　労働者から残業代請求訴訟が提起されるとき，訴状における請求原因事実は大きく分けて2つある。1つは労働時間および労働時間中の労働実態に関する主張，もう1つは割増賃金の算定の基礎単価の算出に関する主張である。

1 労働時間

　労働時間については，通常は，各日について労働者が自らの出勤時刻，退勤時刻から労働時間や時間外労働・休日労働・深夜労働の時間数を割り出す。使用者は労働者の労働時間を管理する責任を負っていると考えられていることから，通常は，以下のような手法を用いて労働時間を管理している。

- タイムカード
- 労働時間管理ソフト
- 入退館記録
- シフト表
- 日報・週報等

　そのため，労働者の労働時間に関する主張も，使用者が管理する労働時間の記録を根拠に行われるのが原則である。もっとも，労働者が使用者の把握している労働時間よりも長時間労働していた旨を主張することがあるが，このような場合，労働者が以下のような記録を基に労働時間を計算することがある。

- 労働者のメモ
- パソコンのログイン・ログアウト時間
- 電子メールの送信時刻
- タコグラフ
- 閉店・開店時刻

　さらに，こうした資料も十分にない場合には，労働者が概括的な主張を行うこと（せざるを得ないこと）もある。たとえば，労働者が退職した直前の1カ月間の自身のメモやメールの記録等を基に当該期間の残業時間を計算したうえ，他の期間（時効期間である過去2年分）の残業時間もこれと同程度であるとの主張がなされるケースが見られる。また，こうした証拠が全くない場合には労働者の記憶を基に作成された陳述書が提出され，当該証拠によって，労働時間を概括的に主張する（たとえば，「大体毎日2時間残業していた」といったもの）ケースもある。

　労働時間の立証責任は労働者にあるため，基本的には概括的な主張および立証では事実として認められないケースが多いものの，事案によっては認められる例もあり，使用者は客観的な根拠とともに反論を行う必要がある。

2　残業代の算定基礎単価

　残業代の算定基礎単価については，労働基準法37条および同法施行規則21条により規定されており，労働者の請求の基礎となる単価はこれに基づいて算出されていることが多い。もっとも，労働者の計算においては，本来除外すべき賃金を含めて計算していることもあるため（使用者の就業規則上の規定と除外内容が異なっている場合もある），注意して確認を行う必要がある。

第4節

労働時間に関する使用者からの反論

1 労働者の主張の信用性

(1) 労働時間に関する主張立証責任

　残業代請求訴訟においては，労働時間の存在について主張立証する責任は，原則として労働者にある。しかしながら，労働者は，自身の労働時間を主張立証するために十分な資料を保持していないことも多く（労働時間を管理しているのは使用者であるため，使用者が保有している），使用者の時間管理の方法と異なる手法で労働時間を把握し，概括的な主張を行うことがある。そのため，使用者としては，労働者の請求の根拠となる労働時間（出勤時刻と退勤時刻の記録）が正確なものであるか，検証する必要がある。

(2) 使用者の労働時間管理方法によって労働時間を主張してくる場合

　労働者の主張する出勤時刻・退勤時刻がタイムカード等，使用者が労働時間管理に用いている記録を基に行っている場合は，原則として，使用者としてもその信用性を争うことは難しいといえよう。しかし，このような場合であっても，不就労時間が含まれていないかなどについて確認を行うことが考えられる。

(3) 使用者の労働時間管理方法以外の客観的な記録に基づいて労働時間を主張してくる場合

　労働者が，独自に作成・入手した記録により，労働時間を主張してくることがある。この点，使用者の立場からすれば，労働時間として管理していない時

間については，労働者に対して業務を指示しておらず，労働時間ではないというのが大前提となる。しかしながら，仮に労働時間として管理していない場合であっても，実際に業務を行っており，使用者としてこれを明確に拒否していなかった場合には，黙示的な指揮命令があったとして，労働時間と判断される可能性もある（この典型が，いわゆるサービス残業と呼ばれるものである）。裁判例上も，デスクワークをする人間が通常パソコンの立ち上げ，シャットダウンをするのは出勤の直後・退勤の直前であるとして，パソコンのログイン・ログアウトのデータを基に労働時間と認定したり（PE&HR事件・東京地判平18・11・10労判931号65頁），閉店時間後の後片付けの時間について，閉店後に作成した日報のファックス送信時間を終業時刻と認定したものがある（トップ（カレーハウスココ壱番屋店長）事件・大阪地判平19・10・25労判953号27頁）。

(4) 労働者の主観的な記録に基づいて労働時間を主張してくる場合

　労働者が，上記のような客観的な記録はないものの，自身の主観的な記録（自分で作成したメモ，陳述書等）によって労働時間を主張立証してくる場合には，その主張は曖昧な内容になることが一般的である（請求期間のすべてにおいて，出勤時刻・退勤時刻を正確に記憶し，その都度きちんと記録している労働者は稀である）。この場合，具体的な主張立証がなされていないのであるから，労働者が立証責任を果たしていないことを指摘するとともに，労働者の提示する証拠の信用性についても以下のような事実の有無を精査し，信用性の弾劾を行うことが考えられる。

- 記録の中に，欠損はないか。
- 改ざんされた形跡はないか。
- 労働時間の記載に不自然なところがないか。
- 客観的な事実と異なっていないか。

　もちろん，こうした矛盾点があったからといって，ただちに全体の信用性が否定されるとは限らない。しかし，使用者側の主張とともに，こうした矛盾点を指摘し，その証拠の信用性を弾劾しておくことは，裁判上はもちろん，和解交渉においても重要な要素となるため，入念に検討するべきである。

(5) 使用者の事実上の主張立証責任

　前述したとおり，法律的には，労働時間の主張立証責任は，本来は未払残業代を請求する労働者側にある。もっとも，使用者は，労働者の労働時間を管理する責任を負っていると考えられること[5]，実際にも労働時間に関する情報を持っているのは基本的に使用者であることを根拠に，裁判所から使用者に対し，労働時間に関する証拠の提出を求められ，事実上，使用者において労働者の労働時間や労働実態について主張立証しなければならないケースが多い。こうした訴訟指揮については，立証責任の観点からすれば疑問の余地があるが，裁判例には，裁判所から使用者に対し労働時間に関する資料を任意に開示・提出するよう求められたにもかかわらず，使用者が合理的な理由がなく，本来容易に提出できるはずの労働時間管理に関する資料を提出しなかったため，公平の観点に照らし「合理的な推計方法」によって労働時間を算定したものも存在する（スタジオツインク事件・東京地判平23・10・25労判1041号62頁）。したがって，使用者としても，積極的に労働時間や労働実態に関する主張を行い，労働者の主張する労働時間の信用性を弾劾するように努めるべきである（なお，上記の主張立証に対する姿勢は，労働時間の記録の信用性の問題だけでなく，以下のすべての論点において言えることである）。

2　労働時間性

(1) 労働時間の定義

　労働時間は，労働基準法上は明確には定義がないものの，判例上，「使用者の指揮命令下に置かれている時間」と定義されており，労働者の行為が使用者の指揮命令下に置かれたものと評価することができるか否かにより客観的に定

---

[5]　「労働時間の適正な把握のために使用者が講ずべき措置に関する基準」（平13・4・6基発339号）は，「労働基準法においては，労働時間，休日，深夜業等について規定を設けていることから，使用者は，労働時間を適正に把握するなど労働時間を適切に管理する責務を有している」とするが，労働基準法を遵守するために必要な範囲で労働時間を管理すればよいはずであるから，厳密な意味での労働時間を把握する法的義務を負っていると解することはできないし，仮にこれが肯定されるとしても，公法的義務にとどまり，労働者に対する義務と解することもできないように思われる。

まるものであって，労働契約，就業規則，労働協約等の定めのいかんにより決定されるべきものではないとされている（三菱重工業（会社側上告）事件・最判平12・3・9民集54巻3号801頁）[6]。

したがって，出勤時刻から退勤時刻までの時間のうち，休憩時間は労働時間には含まれず，使用者の指示に基づいて作業に従事している時間は労働時間に含まれる。逆に，労働者が指揮命令下にない場合については，労働時間とはいえない。賃金は労働の対価として支給されるものであるから，労働時間でない時間に対して賃金を支払う必要はない。そのため，労働者が残業代を請求し，出勤時刻と退勤時刻を主張している場合に，使用者としては，出勤時刻から退勤時刻までの時間帯のすべてが労働時間ではないという反論を行うことが考えられる。この労働時間性については，以下のとおりいくつかの類型が見られる。

(2) 休憩時間

使用者は，労働時間が6時間を超える場合には45分，8時間を超える場合には1時間の「休憩時間」を付与しなければならない（労働基準法34条）。この休憩時間とは，労働者が権利として労働から離れることを保障されている時間をいう（昭22・9・13発基17号）。

休憩時間において労働時間性が問題になることが多いのは，休憩時間中の来客当番・電話当番などである。作業と作業の合間の待機時間である手待時間は労働時間に含まれるが，休憩時間は労働時間に含まれない。この区別は，労働者が「労働から解放」され，当該時間を自由に利用することができるかにより判断される。

たとえば，すし屋の板前の見習が，客がいないときなどを見計らって適宜休憩してよいとの約定に基づいて就業していた事案における接客の合間の時間（すし処「杉」事件・大阪地判昭56・3・24労経速1091号3頁）や，観光バス運転手についての，出庫前・帰庫後の待機時間や目的地等での駐車時間（大阪淡路

---

[6] 他方，菅野和夫教授は，使用者の業務への従事が必ずしも常に使用者の作業上の指揮監督下になされるとは限らないことを考慮して，労働時間を「使用者の作業上の指揮監督下にある時間または使用者の明示または黙示の指示によりその業務に従事する時間」と定義する（菅野478頁）。

交通事件・大阪地判昭57・3・29労判386号16頁）については，客が来店すれば即時に対応しなければならないことや，当該時間においても運転手が車両を離れることができないことなどを理由に，いずれの事案においても労働時間性が肯定されている。

一方で，銀行で昼の休憩中に顧客や電話対応をすることがあったとしても，そのことをもって被控訴人が従業員に休憩時間中に労務を遂行すべき職務上の義務を課していたとまではいえないとされ（京都銀行事件・大阪高判平13・6・28労判811号5頁），労働時間性が否定された裁判例も存在する。

(3) 仮眠時間・滞留時間

業務時間中の仮眠時間や滞留時間の労働時間性についても，「労働からの解放」があるかによって判断される。

24時間勤務でのビルの警備・設備運転保全業務を行う労働者の仮眠室での8時間の仮眠時間につき，仮眠時間中は外出できず，警報が鳴った場合は設備の補修等の作業に就くことを要する点で労働からの解放がなく，労働時間性が認められたものがある（大星ビル管理事件・最判平14・2・28民集56巻2号361頁）。

一方で，複数体制で宿直し，1人は仮眠中はパジャマに着替え，仮眠室では警報音が鳴らず，不審者対応等は仮眠者を起こさずもう1人の待機者が対応していたことから実作業への従事の必要が生じることが皆無に等しいなど実質的に相応の対応をすべき義務付けがされていないとして，仮眠時間の労働時間性を認めなかった事例もある（ビル代行（宿直勤務）事件・東京地判平17・2・25労判893号113頁）[7]。

(4) 作業準備の時間や作業終了後の後始末の時間

所定労働時間の前後の時間帯において，業務の準備や終了後の後片付け等に従事する時間帯が労働時間と認められるか否かについては，明示・黙示の指示の有無や業務との関連性等から労働時間か否かが判断される。

---

[7] その他の事例として村林俊行＝中田成徳『未払い残業代をめぐる法律と実務』（日本加除出版，2011年）6頁～7頁。

業務処理に不可欠な作業服・保護具の始業時間前の装着および終業時刻後の離脱（三菱重工業（会社側上告）事件・最判平12・3・9民集54巻3号801頁），制服の着用，始業前の点呼（東京急行電鉄事件・東京地判平14・2・28労判824号5頁），事実上義務付けられていた始業前の金庫開扉作業（京都銀行事件・大阪高判平13・6・28労判811号5頁）について労働時間該当性が肯定されている。

一方で，洗身入浴しなければ通勤が著しく困難といった特段の事情のない限り，その労働時間性を否定したものがある（三菱重工業事件・最判昭56・9・18民集35巻6号1028頁）。行政解釈も坑内労働者の入浴時間について否定している（昭23・10・30基発1575号）。これは，業務終了後の入浴が必須といえるほどの事情が認められないことによると考えられる。

また，たとえば事業所の施設への入退場の記録が存在する場合でも，入退場を記録する場合と実際に業務を行う場所が離れている場合には，記録場所から執務場所まで移動する時間は労働時間とはいえない。さらに，業務が終了したにもかかわらず，タイムカード等の打刻をせず，雑談等をしていた場合にも，それは労働時間とはいえないだろう。こうした実態については，必ずしも立証が容易とは限らないものの，可能な限り主張しておくべきである。

(5) 教育・研修，健康診断等の時間

教育や研修には，使用者の業務を遂行するにあたって必須の内容から，労働者の自己啓発のために開催される内容まで，さまざまなバリエーションがあり得る。これが労働時間といえるかどうかは，基本的に使用者による強制の有無によって判断される（昭26・1・20基収2875号，昭33・10・10基収6357号，昭63・3・14基発150号，婦発47号）。

たとえば，自動車教習所を経営する会社において，経営協議会の下に設けられた全従業員参加の専門委員会の活動に要した時間や，教習用語の統一に関する研修会を行った時間については労働時間に当たるとされ，従業員の福利厚生の一環として実施されていた趣味の会の活動時間については労働時間にあたらないとされている（八尾自動車興産事件・大阪地判昭58・2・14労判405号64頁）。

次に，健康診断（労働安全衛生法65条の3・66条）については，労働者一般に対して行われる，いわゆる一般健康診断に要した時間に対する賃金は，当然に

事業者が負担すべきものではないとされている（昭47・9・18基発602号）。

他方，一定の有害業務に従事する労働者に対して行われる特殊健康診断（同法66条2項）については，当然に労働時間とされている（昭47・9・18基発602号）。

(6) 移動時間

通勤時間は，使用者の支配管理に置かれていないため，原則として労働時間に該当しない。出張の場合の移動時間についても，「出張の際の往復に要する時間は，労働者が日常の出勤に費やす時間と同一性質であると考えられるから，右所用時間は労働時間に参入され」ないとされている（日本工業検査事件・横浜地川崎支決昭49・1・26労民25巻1＝2号12頁）。

(7) 労働時間性の主張立証の留意点

労働時間性を主張立証する場合，規定やマニュアル等のルールによってどのように定められているかは前提として確認しなければならないが，労働時間であるか否かはあくまでも客観的に判断されるため，「ルール上休憩と規定されている」というだけでは不十分であり，実態について確認する必要がある。すでに述べてきたとおり，労働時間性に関する主張のうち，休憩時間か労働時間かが問われる場合には，「労働からの解放」がポイントとなる。たとえば，当該時間帯の外出の可否，制服の着脱の可否，何か起きたときに即座に対応しなければならない緊急性の程度，実際の対応の頻度，当該時間帯の滞在場所（勤務場所と離れているか）といった事情である。また，業務の周辺的な行為の労働時間性が問題となる場合には，使用者による強制（指示）の有無，業務との関連性・必要性などが要素となっている。

もっとも，夜間の警備業務など，業務内容によっては管理者が常に監督しているわけでもなく，当該労働者の労働実態を常に正確に把握できているとは限らないケースもある。そのような場合には，問題発生の件数等の客観的な情報のほか，当該労働者の同僚や後任の者にヒアリングし，どのような業務実態を取っているか，業務量はどの程度か，当該労働者と他の労働者の間で労働実態に違いはあるか等について確認すれば，ある程度労働者の労働実態を把握する

ことは可能と考えられる。

3 労働時間規制を弾力化する制度

次に，労働時間に関する反論としては，労働時間規制を弾力化する制度を採用しているため，法定労働時間を超えて労働している日や週があったり，就業規則上の所定休日に勤務していたとしても，残業代が発生しないと主張することがある。労働時間規制を弾力化する制度としては，以下のものがある。

(1) **変形労働時間制**（労働基準法32条の2・32条の4・32条の5）
　① 概　　要
　　変形労働時間制とは，単位となる期間内において所定労働時間を平均して週法定労働時間を超えなければ，期間内の一部の日または週において所定労働時間が1日または1週の法定労働時間を超えても，所定労働時間の限度で，法定労働時間を超えたとの取扱いをしない，という制度である[8]。具体的には，①1カ月以内の期間の変形労働時間制（同法32条の2），③1年以内の期間の変形労働時間制（同法32条の4），④1週間単位の非定型的変形労働時間制（同法32条の5）である。

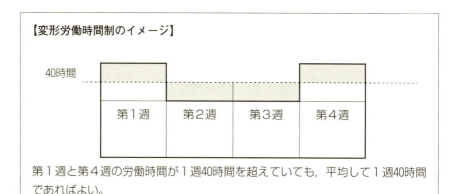

【変形労働時間制のイメージ】

第1週と第4週の労働時間が1週40時間を超えていても，平均して1週40時間であればよい。

8　菅野501頁。

② 要　件

　変形労働時間制の主張を行うためには，その前提として，変形労働時間制が適法に導入されていることが必要である（実務上，変形労働時間制と言いながら労使協定が締結されていないなど，要件に不備がみられる例が散見される）。

　また，変形労働時間制を導入する場合には，各単位期間における各労働日について，どの日に１週ないし１日の法定労働時間を何時間超えるのか具体的に特定するのが原則である。特に始業時刻・終業時刻は，就業規則に明記しなければならないが（同法89条），各労働日の始業・終業時刻をすべて就業規則に規定するのは煩雑であるため，始業時刻・終業時刻等の労働時間のパターン（シフト）を就業規則に規定しておき，各人の各日の労働時間はたとえば１カ月ごとにシフト表を作成して特定することが認められている（昭63・3・13基発150号）。さらに，この特定は，規則正しい日常生活が乱されて健康を害したり，余暇時間や私生活の設計を困難にさせたりする労働者の生活上の不利益を最小限にとどめるために行われるものであるため，一度特定した変形労働時間の変更は限定的に捉えられており，就業規則等に変更が許される例外的，限定的事由を具体的に記載し，その場合に限って勤務変更を行う旨定めることを要すると考えられている[9]。したがって，変形労働時間制を主張する場合には，こうした単位期間ごとの労働時間の特定が適切になされているか，運用実態も検証する必要がある。

【変形労働時間制の要件】

	１カ月単位	１年単位	１週間単位
労働基準法	32条の２	32条の４	32条の５
単位期間	１カ月以内	１カ月超～１年以内	１週間
労使協定の届出	○　必要 （同法32条の２の２第２項）	○　必要 （同法32条の４第４項・32条の２の２第２項）	○　必要 （同法32条の５第３項・32条の２の２第２項）

9　JR西日本事件・広島高判平14・6・25労判835号43頁。

労使協定の有効期間	○ 必要 （同法施行規則12条の2の2第1項）	○ 必要 （同法施行規則12条の4第1項）	× 不要
業種・規模の制限	―		常時30人未満の ・小売業 ・旅館 ・料理店 ・飲食店
週平均労働時間	法定労働時間	40時間	―
労働時間の上限規制	なし	1日10時間／週52時間 連続労働日数6日 ※特定期間は12日まで可能	1日10時間／週40時間
労働時間の特定	業務の都合で任意に一旦特定した所定労働時間の変更は不可。勤務ダイヤは可能。	対象期間を1カ月超に区分した場合，最初の期間以外は労働日数と総労働時間を定めれば足りる。	1週間の開始前に書面により通知（緊急でやむを得ない場合の変更は書面で前日まで）。

③ 変形労働時間制における時間外労働時間

変形労働時間制を採用した場合における法律上の時間外労働となる時間は，①8時間を超える所定労働時間を定めた日はその所定労働時間を超えて労働させた時間，それ以外の日は8時間を超えて労働させた時間，②40時間を超える所定労働時間を定めた週はその所定労働時間を超えて労働させた時間，それ以外の週は40時間を超えて労働させた時間（①の時間外労働時間を除く），および，③単位期間の総労働時間のうち同時間の法定労働時間の総枠を超える労働時間（①②の時間外労働を除く）である（昭63・1・1基発1号）。したがって，1日に8時間以上，1週に40時間以上労働していた場合であっても，変形労働時間制により特定された所定労働時間の範囲内であれば，割増賃金を支払う義務はない。

(2) フレックスタイム制（労働基準法32条の3）

① 概　要
　フレックスタイム制とは，労働者が，1カ月などの単位期間のなかで一定時間数労働することを条件として，1日の労働時間を自己の選択する時に開始し，かつ終了できる制度である（同法32条の3）。

② 要　件
　フレックスタイム制を主張する場合でも，法定の要件を満たして制度を導入していることは前提として確認しておく必要がある。

【フレックスタイム制の要件】

> ① 就業規則その他これに準ずるものにおいて始業および終業の時刻を労働者の決定にゆだねる旨定めるとともに，
> ② 労使協定を締結し，以下を定める
> ・対象となる労働者の範囲
> ・清算期間（1カ月以内）
> ・清算期間における総労働時間（清算期間を平均し1週間当たりの労働時間が週の法定労働時間の範囲内）
> ・標準となる1日の労働時間
> ・コアタイムを設ける場合には，その開始および終了時刻
> ・フレキシブルタイムを設ける場合には，その開始および終了時刻

③ 効　果
　フレックスタイム制を採用した場合には，労働者が選択したところにより，週または日の法定労働時間を超えて労働させても，ただちに時間外労働になるわけではなく，清算期間における法定労働時間の総枠を超えた時間が時間外労働となる[10]。

(3) 事業場外労働のみなし制（労働基準法38条の２）

① 概　要

　事業場外労働のみなし制とは，労働者が業務の全部または一部を事業場外で従事し，使用者の指揮監督が及ばないために，当該業務に係る労働時間を算定しがたいときに，使用者のその労働時間に係る算定義務を免除し，その事業場外労働については「特定の時間」を労働したとみなすことのできる制度である。主に出張中の労働時間や，遠隔地で１人で業務に従事する場合に導入されることが多い。

　事業場外労働のみなし制が適用されれば，所定労働時間労働したものとみなされるか，当該業務を遂行するためには通常所定労働時間を超えて労働することが必要となる場合においては，通常必要とされる時間労働したものとみなされる。そのため，当該所定労働時間か通常必要とされる労働時間に対する賃金さえ支払っていればよく，それ以上の残業代を支払う義務は負わないことになる。

②　「労働時間を算定し難いとき」の要件

　使用者が事業場外労働のみなし制を主張する場合に最大の争点となるのが，「労働時間を算定し難い」といえるかどうかである。特に最近では，携帯電話やスマートフォンなど，遠隔地であっても容易に報告・連絡・相談をすることができるため，遠隔地だからといってただちに「労働時間を算定し難い」と言えない場合があるため，注意が必要である。「労働時間を算定し難い」とは，労働実態により，労働時間を十分に把握できるほどに使用者の具体的指揮監督を及ぼし得ない場合をいう[11]。

(a)　行政解釈

　行政解釈においては，以下の場合には，事業場外労働のみなし制の適用はないものとされている（昭63・１・１基発１号）。

10　三六協定についても，１日について延長することができる時間を協定する必要はなく，清算期間を通算して時間外労働をすることができる時間を協定すれば足りる。
11　菅野517頁。

> ① 何人かのグループで事業場外労働に従事する場合で、そのメンバーの中に労働時間の管理をする者がいる場合
> ② 無線やポケットベル等によって随時使用者の指示を受けながら事業場外で労働している場合
> ③ 事業場において、訪問先、帰社時刻等当日の業務の具体的指示を受けた後、事業場外で指示どおりに業務に従事し、その後、事業場に戻る場合

なお、近年、情報機器等を活用した在宅勤務の増加等に伴い、厚生労働省では、「情報通信機器を活用した在宅勤務の適切な導入及び実施のためのガイドラインの改訂について」（平16・3・5基発0305003号、平20・7・28基発0728001号）を出しているが、次に掲げるいずれの要件をも満たす形態で行われる在宅勤務（労働者が自宅で情報通信機器を用いて行う勤務形態をいう）については、原則として、労働基準法38条の2に規定する事業場外労働のみなし制が適用されるものとされている。

> ① 当該業務が、起居寝食等私生活を営む自宅で行われること。
> ② 当該情報通信機器が、使用者の指示により常時通信可能な状態におくこととされていないこと。
> ③ 当該業務が、随時使用者の具体的な指示に基づいて行われていないこと。

(b) 裁判例

事業場外労働のみなし制について判示したリーディングケースとしては、阪急トラベルサポート（派遣従業員・第2）事件がある（最判平26・1・24労経速2205号3頁）。同最高裁判例では、「労働時間を算定し難いとき」の要件について、「業務の性質、内容やその遂行の態様、状況等、旅行会社と添乗員との間の業務に関する指示及び報告の方法、内容やその実施の態様、状況等」を考慮要素として判断するとしたうえで、海外ツアーの派遣添乗員について、

第4節　労働時間に関する使用者からの反論

- 旅行日程が日時や目的地等を明らかにして定められ，添乗員が自ら決定できる事項の範囲が限られていたこと。
- パンフレットや最終日程表およびアイテナリーにより観光等の内容や手順等を示すとともに，添乗員用のマニュアルにより具体的な業務の内容を示し，これらに従った業務を行うことを命じていたこと。
- ツアーの実施中においても，添乗員に対し，携帯電話を所持して常時電源を入れておき，問題や旅行日程の変更が必要となる場合には，本件会社に報告して指示を受けることを求めていたこと。
- 添乗日報によって，業務の遂行の状況等の詳細かつ正確な報告を求めていたこと。

等を理由に，「労働時間を算定し難いとき」にはあたらないと判断した。
　上記以外の裁判例としては，以下のものがある。

【否定された例】

裁判例	対象業務	判　旨
ほるぷ株式会社事件・東京地判平9・8・1労判722号62頁	プロモーター社員の展覧会場での展示販売業務	ホテル等での絵画の展覧会において会社のプロモーター社員らが絵画販売に従事したことにつき，展示販売への参加は強制ではないものの，その業務に従事する時間および場所は限定されており，支店長等も会場に赴いている他，会場内の勤務は顧客への対応以外の時間も顧客の来訪に備えて待機しているもので休憩時間とは認められないこと等から，プロモーター社員の労働時間を算定することは本来容易にできるものであると判断した。
光和商事事件・大阪地判平14・7・19労判833号22頁	貸金等の営業社員の外勤	基本的に営業社員は朝被告会社に出社して毎朝実施されている朝礼に出席し，その後外勤勤務に出，基本的に午後6時までに帰社して事務所内の掃除をして終業となるが，営業社員は，その内容はメモ書き程度の簡単なもの

145

とはいえ，その日の行動内容を記載した予定表を被告会社に提出し，外勤中に行動を報告したときには，被告会社においてその予定表の該当欄に線を引くなどしてこれを抹消しており，さらに会社所有の携帯電話を営業社員全員に持たせていたのであるから，被告会社が営業社員の労働時間を算定することが困難であるということはできないと判断した。

【肯定された例】

裁判例	対象業務	判旨
ヒロセ電機（残業代等請求）事件・東京地判平25・5・22労判1095号63頁	電機機械器具の製造・販売	出張や直行直帰の場合に，時間管理をする者が同行しておらず，直属上司が原告に対して，具体的な指示命令を出していた事実もなく，事後的にも，何時から何時までどのような業務を行っていたかについて，具体的な報告をさせていないことから，労働時間を算定することが困難であると判断した。
日本インシュアランスサービス事件・東京地判平21・2・16労判983号51頁	生命保険会社の保険に関する調書および報告書の作成業務	業務遂行の仕方が，被告の本支店には原則として出社することなく，自宅を本拠地として，自宅に被告から送付されてくる資料等を受領し，指定された確認項目に従い，自宅から確認先等（保険契約者宅，被保険者宅・病院・警察・事故現場等）を訪問し，事実関係の確認を実施し，その確認作業の結果を確認報告書にまとめて，本社ないしは支社に郵送又はメール等でこれを送付する，というもので，本質的に原告の裁量に委ねられているとして，労働時間を算定することが困難であると判断した。

　以上によれば，訴訟において事業場外労働のみなし制の主張を行う場合には，業務遂行前，業務遂行中，業務遂行後の各段階において，使用者の指示等の度合いが小さいことを具体的に主張していくことが重要となる。たとえば，

> - 業務遂行前に会社に顔を出す等して，出勤時刻を把握することが可能な状態にあったか。
> - 業務遂行中の行き先，訪問時間等について，具体的な指示をしていたか否か，あるいは休憩の時間の指定や，休憩時間の長さについて，具体的な指示をしていたか。
> - 業務遂行後，その都度会社に報告させたり，最後に会社に戻ったりしてから退勤させるなどして，退勤時刻（業務終了時刻）を把握し得る状況にあったか。

といった内容である。

③ 「通常必要とされる労働時間」

　事業場外労働のみなし制においては，原則として事業場外での業務について所定労働時間労働したものとみなされるが，事業場外での業務に通常所定労働時間以上の時間がかかる場合には，「通常必要とされる労働時間」労働したものとみなされることがある。事業場外労働のみなし制においては，できるだけ実際の労働時間数に近づけて協定することが要請されている。したがって，使用者が事業場外労働のみなし制が採用されていることを主張した場合であっても，労働者から，所定労働時間数よりも大幅に長い時間労働しているという実態を主張された場合には，当該制度の適用が否定される可能性があるので，留意すべきである。また，労働日の労働時間の一部が労働時間の算定困難な事業場外労働である場合には，通常必要とされる労働時間と，事業場内の算定可能な労働時間を合わせた時間が労働時間になることにも注意すべきである（昭63・3・14基発150号）。さらにいえば，一部事業場内で勤務していること自体，労働時間の管理の可能性があることを意味し，前述した「労働時間を算定し難い」の点でも不利に扱われる可能性がある。

④ 事業場外労働のみなし制を主張する場合の留意点

　事業場外労働のみなし制を採用している場合，そもそも正確な労働時間の管理をしていないケースがほとんどである（労働時間を算定し難い以上，当然のことである）。そのため，いざ裁判において事業場外労働のみなし制の適用が

否定されると，使用者は，労働者の労働時間を具体的に示す適切な証拠を提出することができず，結果として，労働者が主張する労働時間がそのまま認められてしまうリスクが高い。

事業場外労働のみなし制が適用されるか否かは，労働者の「労働時間を算定し難い」といえるかという評価の問題であるから，これを導入するに際しては，業務処理の仕方が労働者に委ねられている等「労働時間が算定し難いとき」といえるか確認し，その実態に合わせて通常労働時間を設定し，就業規則の定めを明確化しておく必要がある。さらに，その運用においても，直行直帰を認め，行き先や訪問日時の判断も労働者に委ねるなど，業務前，業務遂行中，業務後の3つの段階において相当程度の裁量が労働者に存在する必要がある。

(4) 裁量労働制（労働基準法38条の3・38条の4）

近年における技術革新，サービス経済化，情報化などの中で，労働の遂行の仕方について労働者の裁量の幅（自由度）が大きく，その労働時間を一般労働者と同様に厳格に規制することが，業務遂行の実態や能力発揮の目的から見て不適切である専門的労働者が増加した。これらの労働者は，労働の量よりも質ないし成果によって報酬を支払われるのにより適している。そこで労働基準法は，①「専門業務型裁量労働制」（同法38条の3）と，②「企画業務型裁量労働制」（同法38条の4）の2種類の裁量労働制を設けている。

専門業務型裁量労働制は，業務の性質上，業務遂行の手段や方法，時間配分等を大幅に労働者の裁量にゆだねる必要がある専門性の高い業務に従事する労働者を対象とする。一方，企画業務型裁量労働制は，業務分野ではなく，(i)「事業の運営に関する事項について」の(ii)「企画，立案，調査及び分析の業務」であって(iii)「当該業務の性質上これを適切に遂行するにはその遂行の方法を大幅に労働者の裁量にゆだねる必要があるため」，(iv)「当該業務の遂行の手段及び時間配分の決定等に関し使用者が具体的な指示をしない」性質をもつ対象業務に従事する労働者を対象としている。

これらの裁量労働制が適用される場合には，労働者は労使であらかじめ定めた時間働いたものとみなされる（同法38条の3）。この場合，労使で定められた時間が法定労働時間を超える場合にはその分の割増賃金は支払う必要があるが，

それ以上労働者が働いたとしても，時間外割増賃金の問題は生じない。もっとも，裁量労働制は，労働時間を一定時間とみなすだけであるから，休憩，休日，時間外・休日労働，深夜労働の法規制は及ぶことになる。

したがって，使用者としては，労働者の残業代請求に対し，①適法な裁量労働制を適用していること，および②当該労働者が裁量労働制が適用される業務に従事していることを主張すべきである[12]。裁量労働制の適用が認められれば，基本的に休日労働と深夜労働に対する割増賃金を支払えば足りる。これに対し，上記の主張にもかかわらず裁量労働制の適用が認められなかった場合には，前記事業場外労働のみなし制と同様，労働者の主張する労働時間が実際の労働時間と認定されるリスクが高まることになる。

---

[12] 税理士法人において，税理士の補助業務を行っていた労働者について専門業務型裁量労働制は適用されないと判断した裁判例として，レガシィ事件・東京高判平26・2・27労判1086号5頁。

第5節

割増賃金の算定

1　割増賃金の算定基礎

　第2節で述べたとおり，労働者が提起する残業代請求訴訟において，労働時間と並ぶ要素となるのが，最終的な残業代の未払額を算定するための時間当たりの賃金に関する主張である。したがって，労働者から残業代の支払を請求された場合には，使用者は，算定の基礎となる賃金や割増率について，誤りがないか精査する必要がある。なお，実務上は，使用者の運用する制度において，除外すべきでない賃金を算定基礎から除外する等，法律上の規定に違反した方法で計算されている例も散見される。

(1)　割増賃金の基礎となる賃金

　割増賃金は，「通常の労働時間又は労働日の賃金」の計算額に一定の割増率を乗じることによって，算定される。

　「通常労働時間又は労働日の賃金」は，賃金の定め方の類型に応じて，以下のとおり定められている（労働基準法施行規則19条1項各号）。

賃金の定め方	通常の労働時間または労働日の賃金
時間によって定められた賃金（時給制）	その金額
日によって定められた賃金（日給制）	その金額を1日の所定労働時間数で除した金額。日によって所定労働時間数が異なる場合には，1週間における1日平均所定労働時間数で除した金額

週によって定められた賃金(週給制)	その金額を週の所定労働時間数で除した金額。週によって所定労働時間数が異なる場合には、4週間における1週平均所定労働時間数で除した金額
月によって定められた賃金(月給制)	その金額を月における所定労働時間数で除した金額。月によって所定労働時間数が異なる場合には、1年間における1カ月平均所定労働時間数で除した金額
月、週以外の一定の期間によって定められた賃金	上記の各場合に準じて算定した金額
出来高払制その他の請負制によって定められた賃金(歩合給制)	その賃金算定期間において出来高払制その他の請負制によって計算された賃金の総額を当該賃金算定期間における、総労働時間数で除した金額
労働者の受ける賃金が上記の2つ以上の賃金からなる場合	それぞれの部分について、上記の算定方法によって算定した金額

(2) 除外賃金

　我が国の企業においては、基本給の他にも、役職手当、精勤手当、住宅手当、通勤手当等の多様な手当が支給されていることが多いが、これらの手当のうち、割増賃金の基礎となる賃金に含まれない手当は法令によって特定されており、それ以外の手当については、いずれも割増賃金の算定基礎として参入しなければならない[13]。

　すなわち、割増賃金の基礎となる賃金には、家族手当、通勤手当、その他厚生労働省令で定める別居手当、子女教育手当、住宅手当、臨時に支払われた賃金、1カ月を超える期間ごとに支払われる賃金は、算入しない(同法37条5項、同法施行規則21条)。これらの手当は、労働の内容や量とは無関係な労働者の個人的な事情に基づいて支給されている手当であるから、割増賃金の基礎となる賃金から除外するものであり[14]、その名称いかんを問わず、実質によって判断

---

[13] 厚生労働省労働基準局編『改訂新版　労働基準法　上（労働法コンメンタール）』(労務行政、2013年) 513頁。

[14] 菅野497頁、厚生労働省労働基準局編『労働基準法　上（労働法コンメンタール）』(労務行政、2013年) 514頁。

される（昭22・9・13発基17号，平11・3・31基発170号）。

　使用者の中には，役職手当や皆勤手当等を，割増賃金の算定基礎としていない場合もあるが，本来は，割増賃金の基礎となる賃金に算入しなければならず，上記手当を算入せずに割増賃金を算定し支給している場合には，未払残業代が生じていることになる。また，上記に列挙した手当と同じ名称が付されていても，その実質によっては除外されないことがあるので注意が必要である。

　以下，除外賃金に該当する各種手当について通達の記載を紹介する[15]。

手当	内容	算定基礎に含まれる場合
家族手当	扶養家族数またはこれを基礎とする家族手当額を基準として算出した手当	独身者に対しても支払っている手当や，扶養家族のある者に対し，その家族数に関係なく一律に支給されている手当（昭22・9・13基発231号）
通勤手当	労働者の通勤距離や通勤に要する費用に応じて支給される手当	一定額までは距離にかかわらず支給されるような場合には，実際の距離によらない部分は，割増賃金の基礎となる賃金に算入される（昭23・2・20基発297号）
別居手当	—	—
子女教育手当	—	—
住宅手当	住宅に要する費用に応じて算定される手当。賃貸住宅の家賃や持家のローン月額の一定割合を支給するもの，家賃等が段階的に増えるにしたがって額を多くして支給するもの（平11・3・31基発170号）	住宅の形態（賃貸住宅，持家等）ごとに一律に定額で支給するもの，住宅以外の要素に応じて定率又は定額で支給することとされているもの，全員に一律に定額で支給するもの
臨時に支払われた賃金	臨時的，突発的事由に基づいて支払われたものおよび私傷病手当（昭26・12・27	—

15　表中記載がないのは通達にも言及が見られないもの。

	基発3857号），加療見舞金（昭27・5・10基収6054号），退職金（昭22・9・13発基17号）等支給条件はあらかじめ確定されているが支給事由の発生が不確定であり，かつ非常に稀に発生するもの（昭22・9・13発基17号）[16]	
1カ月を超える期間ごとに支払われる賃金	賞与，ならびに1カ月を超える期間に応じて支給される精勤手当，勤続手当および能率手当（労働基準法施行規則8条）	―

2 所定労働時間数の算定

　前記①のとおり，日給制，月給制等の場合，割増賃金の算定のために，割増賃金の基礎となる賃金を所定労働時間数で除する必要がある（労働基準法施行規則19条1項各号）。

　多くの企業においては，日給制や月給制を採用している場合でも，日ごとまたは月ごとに所定労働時間数が異なっているが，かかる場合には，1週間における1日または1年間における1カ月の平均所定労働時間を算定する必要がある。

　たとえば，1年間における1カ月の平均所定労働時間は，「1年間の所定労働時間数」を12（カ月）で割ることにより算出する。「1年間の所定労働時間

---

[16] 年俸制において，毎月払部分と賞与部分を合計してあらかじめ年俸額が確定している場合（たとえば，年俸を14等分し，7月と12月に1カ月分を賞与として支給する場合）には，支給額が確定しており「臨時に支払われた賃金」または「1カ月を超える期間ごとに支払われる賃金」のいずれにも該当しないとされているため（平12・3・8基収78号，中山書店事件・東京地判平19・3・26労判943号41頁），賞与部分を含めて当該確定した年俸額を算定の基礎として割増賃金を支払う必要があることに注意すべきである。

数」は，年間所定労働日数（365日－年間所定休日数）に1日の所定労働時間を乗することに算定することができる。年間所定休日数および1日の所定労働時間は就業規則において定めるため，所定労働時間の算定にあたっては，就業規則を確認する必要がある[17,18]。

> 1年間における1カ月の平均所定労働時間の算定式
> ｛(365日－年間所定休日数)×1日の所定労働時間｝／12カ月

3 割増率

割増率については，すでに述べているとおり，時間外割増賃金が25％以上，休日割増賃金が35％以上，深夜割増賃金が25％以上となっており，多くの使用者でもこの割合を採用している。しかし，企業の中には，最低限の割増率よりも高い割増率を給与規程に規定しているところもある。この場合，かかる給与規程の内容が労働条件となる。

4 割増賃金の計算方法

(1) 月給制の場合

【前提条件】
労働者A

---

[17] 実務上，年間休日日数等を確認することができず，1カ月の平均所定労働時間の算定が困難である場合には，1週間の所定労働時間の上限を40時間とする労働基準法の原則に基づき，1年間の日数÷7日×40時間÷12カ月＝173.8時間を1カ月の平均所定労働時間とすることが多い。

[18] 年間休日日数は毎年変動するため，平均所定労働時間も本来であれば毎年変動が生じるが，計算の煩雑さを避けるため，毎年の平均所定労働時間を固定して考えるケースもある。平均所定労働時間は，算定基礎を算出する際の「分母」になるため，実際の平均所定労働時間よりも少ない労働時間数を平均所定労働時間と定めることは，労働者に有利であるから可能であると考える。

給与：月額総額35万円
　　　（内訳：基本給25万円，役職手当5万円，住宅手当3万円，皆勤手当2万円）
　　1カ月の所定労働時間：170時間
　　今月の時間外労働時間：10時間
　　今月の深夜労働時間：5時間
　　今月の休日労働時間：8時間

【割増賃金の算定】
①通常の労働時間の賃金の算定
　除外賃金を除く賃金が，割増賃金の基礎となる賃金となるから，住宅手当を除く，32万円が割増賃金の基礎となる賃金となる。
　労働者Aは，月給制であるから，「通常の労働時間の賃金」は，月給の金額をその月における所定労働時間数で除した金額となる。
　　32万円÷170時間≒1882円

②割増率を用いた各割増賃金の算定
　　時間外労働に基づく割増賃金
　　　1882円×10時間×1.25＝2万3525円
　　深夜労働に基づく割増賃金
　　　1882円×5時間×0.25≒2352円
　　休日労働に基づく割増賃金
　　　1882円×8時間×1.35≒2万325円

　したがって，労働者Aに対しては，上記の合計金額である4万6202円を割増賃金として支払う必要がある。

(2) 歩合制の場合

　歩合制は，「出来高払制によって定められた賃金」（労働基準法施行規則19条6号）にあたる。この場合の割増賃金の算定方法はあまり一般的ではないため，

第3章　残業代請求訴訟

留意が必要である。計算の具体例は以下のとおりである。

【前提条件】
　労働者B
　給与：月額総額40万円
　　　（商品を1個売るごとに1万円の歩合給の場合に，商品を40個売ったと仮定）
　1カ月の所定労働時間：170時間
　今月の時間外労働時間：10時間
　今月の深夜労働時間：5時間
　今月の休日労働時間：8時間

【割増賃金の算定】
　①割増賃金の算定基礎
　歩合制の下では「出来高払制その他の請負制によって計算された賃金の総額を当該賃金算定期間における総労働時間で除した金額」（同法規則19条6号）によって割増賃金の算定基礎が求められる。

　　40万円÷198時間（170+20+8時間）≒2020円
　　　※深夜労働時間は，時間外労働時間と重なるため，総労働時間には算入しないことになる。

　②割増率を用いた各割増賃金の算定
　出来高払制その他の請負制によって賃金が定められている場合については，時間外の労働に対する時間当たり賃金，すなわち1.0に該当する部分は，すでに基礎となった賃金総額のなかに含められているため，加給すべき賃金額は，計算額の2割5分以上であれば足りる（昭23・11・25 基収3052号）。そのため，時間外労働に基づく賃金を求めるには，割増賃金の算定基礎に時間外労働の時間を掛けあわせたうえで，1.25を掛けるのではなく，0.25を掛けあわせてこれを算定する必要がある点には留意する必要がある。

> 時間外労働に基づく割増賃金
>   2020円×10時間×0.25＝5050円
> 深夜労働に基づく割増賃金
>   2020円× 5 時間×0.25＝2525円
> 休日労働に基づく割増賃金
>   2020円× 8 時間×0.35＝5656円

　したがって，労働者Bに対しては，上記の合計金額である1万3231円を割増賃金として支払う必要がある。

5 就業規則等で労働基準法所定の方法とは異なる割増賃金の計算方法を定めている場合

　就業規則等で労働基準法所定の方法とは異なる計算方法で割増賃金を支払っている場合でも，時間外労働，深夜労働，休日労働に対して，労働基準法等が定める基準を満たす一定額以上の割増賃金を支払う限り，割増賃金の支払は有効に認められる[19]。また，労働基準法等においては除外賃金に該当せず，割増賃金の基礎たる賃金に含まれる手当について，割増賃金の基礎たる賃金から除外することとしても，労働者に対して実際に支払われた割増賃金が法所定の計算による割増賃金を下回らない場合には，労働基準法37条違反とはならない（昭24・1・28基収3947号）。

6 割増賃金の算定基礎に関する主張立証の留意点

(1) 労働者の主張する請求金額の算定方法の精査

　これまで述べてきたことからわかるとおり，労働者の割増賃金の算定基礎は，使用者の賃金制度における賃金体系，支払方法，手当の趣旨等さまざまな要素を踏まえて算出されるものである。しかしながら，労働者がこうした制度趣旨

19　菅野498頁。

を正確に理解していることは少なく，残業代請求訴訟においても，しばしば使用者の計算と異なる計算方法によって算定基礎となる単価を算出していることが見受けられる。そこで，使用者としては，労働者から残業代請求訴訟が提起された場合には，その算定基礎を精査する必要がある。具体的には，以下の点に留意すべきである。

主な類型としては，以下のようなものがある。

---

① 各種手当の金額の誤り
② 割増賃金の基礎となる賃金への除外賃金の算入
③ 平均所定労働時間の算定の誤り
④ 適用すべき割増率の誤り

---

①については，労働者において，2年分の給与明細を保管していない場合も多く，そのような場合には，手元に残っている給与明細に基づき，請求前数カ月分の賃金額の平均金額等に基づいて，2年分の割増賃金を算定している場合も実務上多く見受けられるところである。そこで，労働者の主張する各種手当の金額が実際の金額に合致しているかを賃金台帳等と照合して確認することが重要となる。

②については，労働者において，企業から支払われた賃金全額を基礎として算定している場合が見受けられるが，前記①(2)のとおり，除外賃金は割増賃金の基礎となる賃金に含める必要がないため，企業においては，支給した賃金のうち，除外賃金に該当する手当が含まれているかを確認することが必要となる。その一方で，企業においては，除外賃金として規定されている手当以外の手当も除外して割増賃金を算定しているケースも多いことから，注意が必要である。

③については，実務上，平均所定労働時間の算定に誤りがある場合も多い。前記②のとおり，日または月によって所定労働時間数が異なる場合には，平均所定労働時間を算出したうえで，割増賃金の基礎となる賃金を算定する必要があるが，かかる算定に誤りがあり，割増賃金の基礎となる賃金が正確に算定されていない場合があるので，労働者の主張における平均所定労働時間についても，精査することが重要となる。

労働者において，所定労働時間の算定に誤りがあることが多く，その結果，「通常の労働時間又は労働日の賃金」が正確に算定されていない場合も多いことから，就業規則等に基づいて，確認する必要がある。

④については，時間外労働，深夜労働，休日労働の類型ごとに，正確に割増率が適用されているかを確認する必要がある。

(2) 「通常の労働時間又は労働日の賃金」に関する主張における立証方法

割増賃金の算定基礎に関し，使用者の算定基礎を立証する場合に，まず基本となるのは，使用者における給与規程である（就業規則と一体となっていたり，手当ごとに細かく分かれていることもある）。給与規程には，通常給与の支払方法（月給か日給か等），手当の種類，手当の額，割増賃金の算定方法について規定されているため，これを見れば使用者における賃金制度の全体像を把握することができる。なお，除外賃金の制度趣旨については，必ずしも規定されていないこともあるが，当該手当の支給対象や支給額を確認すれば，除外できる賃金かどうかの判断はできると思われる。訴訟においても，裁判所からは，未払残業代の有無を確認する前提として，就業規則や給与規程の提出を求められることが通常である。

また，制度と実際の運用状況の齟齬の有無を確認するためには，労働者の賃金台帳や給与明細を確認することも必要になろう。

第6節

固定残業代

1 固定残業代をめぐる問題点

　固定残業代とは，実際の労働時間にかかわらず，給与において一定額の残業代，具体的には時間外労働割増賃金，休日労働割増賃金，深夜労働割増賃金を支払うことをいう。その形態にはさまざまなものがあり，手当の一つを固定残業代の趣旨で支給しているもの，基本給の一部として組み込んでいるもの等があり，固定の額についても，一定の労働時間分（たとえば，毎月45時間分）と規定するもの，あるいは一定の金額（たとえば，毎月3万円）を残業代として支給するとするもの等，さまざまである。特に年俸制においては，年俸額に諸手当や残業代もすべて含めることを意図しているという例が散見される。固定残業代は，文字通り給与において一定額の残業代を支払っていることになるから，労働者から残業代請求訴訟が提起された場合には，使用者から，固定残業代の存在を主張し，未払残業代が存在しないか，存在するとしても，固定残業代の分については控除すべきであると主張することになる。

　しかしながら，裁判実務上，固定残業代による残業代の支払は無効と判断される例も散見される。仮に固定残業代の効力が認められない場合には，①支払っていたはずの割増賃金が支払われていなかったこととなり，労働時間に応じた割増賃金の支払を命じられるだけではなく，②固定残業代として支払っていたつもりの賃金部分が割増賃金の算定基礎となる賃金（労働基準法37条，同法施行規則21条）に組み込まれるため，1時間当たりの単価が大きく増額し，多額の残業代の支払を命じられることになる。③さらに，この増加した残業代を前提として付加金（同法114条）の支払を命じられる可能性もある。そして，

1人の従業員との間で固定残業代の支払が無効とされることは，使用者が雇用する他の労働者との関係でも無効と判断される可能性があることになり，裁判の結果は使用者に在職するまたはしていた従業員全体へと波及するリスクがある。

【固定残業代が無効となる例】
※月平均所定労働時間を160時間，1カ月の時間外労働時間を40時間とする（従業員全員が同じ時間残業していたと仮定）。

	株式会社Xの従業員の賃金体系に則って計算した場合	固定残業代の支払が無効となった場合	従業員100人に波及した場合
基本給	30万円（A）	（A）＋（B）＝40万円（C）	―
固定残業代	10万円（B）	0円	―
残業代	((A)÷160時間)×1.25×40時間－10万円＝－6250円	((C)÷160時間)×1.25×40時間＝12万5000円	
賃金合計	40万円	52万5000円（＋12万5000円の支払）	―
2年分の賃金等合計	960万円	1260万円（＋300万円の支払）	＋3億円の支払
付加金	0円	最大300万円	

　こうした固定残業代制度は，前節で述べた割増賃金の算定基礎と関連する争点であるが，近年固定残業代を導入する企業が増えているとともに，固定残業代制が判決において否定され，対応に苦慮する例も多い。

2　固定残業代の類型

　固定残業代は，大きく分けて(1)基本給組込型と，(2)定額手当型に分類することができる。

(1) 基本給組込型

基本給組込型とは、基本給の中に割増賃金をいわば渾然一体に組み込んで（含ませて）支給するタイプである。このタイプの固定残業代が争われた一事例として、高知県観光事件（最判平6・6・13労判653号12頁）がある。同事例では、月間水揚げ高（各労働者ごとの売上げ）に一定の賃率を掛けた歩合給を支払っており、使用者がこの歩合給に残業代も含まれていると主張していた。

(2) 定額手当型

定額手当型とは、使用者がある手当の支給を残業代として支給する例である。課長代理職にある者に対して支給されていた「特例手当」（基本給の30％に相当する額）が時間外手当の性質を有するとして争われた事案として東和システム事件・東京高判平21・12・25労判998号5頁がある。

3 固定残業代の適法性の判断基準

これらの固定残業代に関しては、最高裁の判断が示されている。

(1) 明確区分性

高知県観光事件は、

「本件請求期間に上告人らに支給された前記の歩合給の額が、上告人らが時間外及び深夜の労働を行った場合においても増額されるものではなく、通常の労働時間の賃金に当たる部分と時間外及び深夜の割増賃金に当たる部分とを判別することもできないものであった[20]ことからして、この歩合給の支給によって、上告人らに対して法37条の規定する時間外及び深夜の割増賃金が支払われたとすることは困難なものというべき」

と判示し、労働者の請求額全額を認容した。

---

[20] 使用者も、歩合給には各種割増賃金が含まれているものの、基本給の額を正確には確定することができず、ひいてはこれに基づく割増賃金も正確には確定することはできないことを認めていた。

この事件は，最高裁が固定残業代の有効性について判示した初めての事件であり，固定残業代の有効性を判断するにあたっては，リーディングケースとなる裁判例である。上記の判示から明らかなとおり，固定残業代の有効性が認められるためには，通常の労働時間の賃金にあたる部分と時間外および深夜の割増賃金にあたる部分とを明確に判別できることが要件となる（明確区分性）。

(2) 明確区分性以外の要件（対価性の要件）

前掲・高知県観光事件では，明確区分性の要件で，固定残業代の有効性が否定されてしまったため，明確には判示されていないが，従前の裁判例においては，固定残業代の趣旨で支給されたか否かが問題となってきたことから，固定残業代の支払の有効性を認める要件として，固定残業代として支給されている手当等が，実際に時間外・休日・深夜労働に対する対価としての性格を有すること（対価性の要件）が必要であることは前提とされていると思われる。

(3) テックジャパン事件最高裁判例（最判平24・3・8労判1060号5頁）における判断とその評価

① 事案の概要

固定残業代に対する基本的な判断基準としては上記のとおりであるが，最近出た最高裁判例であるテックジャパン事件においては，その判示内容のほか，固定残業代の適法性について踏み込んだ補足意見も出され，実務上大きな影響を与えている。

同事案は，基本給組込型の固定残業代と分類してよいと思われるが，より具体的には，労働者の給与について，<u>基本給を月額41万円とし，月間総労働時間が180時間を超える場合に1時間当たり2560円を基本給に加えて支払うが，月間総労働時間が140時間に満たない場合に1時間当たり2920円を基本給から控除する旨の約定</u>が結ばれていたものである。かかる約定は時間外手当についても定めたもののようにもみえることから，この約定に従って支払われた賃金が時間外手当を含むものといえるかどうかが争点となった。

② 判旨（法廷意見）

これについて，判旨は，月間180時間以内の労働時間中の時間外労働がされ

ても、基本給自体の金額が増額されることはないこと、月額41万円の全体が基本給とされており、その一部が他の部分と区別されて労働基準法37条1項の規定する時間外の割増賃金とされていたなどの事情はうかがわれないこと、1カ月の時間外労働の時間は、月によって勤務すべき日数が異なること等により相当大きく変動し得ること等より、「通常の労働時間の賃金に当たる部分と同項の規定する時間外の割増賃金に当たる部分とを判別することはできない」と判断し、労働者の請求を認めている。

③　櫻井龍子判事の補足意見

これに対し、櫻井龍子判事は、補足意見として、

- 使用者が割増の残業手当を支払ったか否かは、罰則が適用されるか否かを判断する根拠となるものであるため、時間外労働の時間数及びそれに対して支払われた残業手当の額が明確に示されていることを法は要請している。
- 毎月の給与の中にあらかじめ一定時間（例えば10時間分）の残業手当が算入されているものとして給与が支払われている事例もみられるが、その場合は、その旨が<u>雇用契約上も明確にされていなければならないと同時に支給時に支給対象の時間外労働の時間数と残業手当の額が労働者に明示されていなければならない</u>。
- 10時間を超えて残業が行われた場合には当然その所定の支給日に<u>別途上乗せして残業手当を支給する旨もあらかじめ明らかにされていなければならないと解すべき</u>。
- 本件の場合、そのようなあらかじめの合意も支給実態も認められない。

と述べた（下線は筆者）。

④　テックジャパン事件に対する評価

テックジャパン事件の最高裁判決のうち、法廷意見については、いわば前掲・高知県観光事件の判示と同様、明確性の要件について検討し、その結果として固定残業代の存在を否定している。これに対し、櫻井龍子判事の補足意見は、固定残業代が適法と認められるためには、基本給組込型においては、その一部が残業代であることを雇用契約書に明記するだけでなく、毎月の給与明細

等において，時間外労働時間数と残業代の手当額が明記されなければならず，さらに，固定残業代を超えて残業代が発生した場合には上乗せして支給することも明記しなければならないと述べるなど，固定残業代の有効性に関する要件を相当加重している。かかる補足意見を踏まえて，裁判上・裁判外において，労働者から，上記補足意見に基づき，使用者における固定残業代は違法であるという主張がなされる例が増えているように感じられる。

　しかしながら，まず，この見解は，補足意見にとどまり，最高裁の合議体による法廷意見ではない点に留意が必要である。したがって，本件補足意見をもって有効な固定残業代の必要条件であるととらえることは，かえって最高裁の法廷意見と乖離することになろう。

　次に，明確区分性の要件の加重についてであるが，そもそも明確区分性が要求される趣旨は，基本給と固定残業代が明確に区分することができなければ，労働基準法37条の規定する時間外および深夜の割増賃金の適切な支払の有無が不明となり，同法違反が生じるおそれがあるため，これを防止する点にあると考えられる。逆に言えば，法定の残業代が支給されていること（少なくとも法定を上回る残業代が支給されていること）が明らかになるのであれば法の趣旨を満たすと考えられ，常に雇用契約および給与明細の双方において時間外労働の時間数および残業手当の額の両方が明示されているといった厳格な要件まで要求する必要性は乏しいだろう。また，固定残業代が何時間分の時間外労働に対するものであるのかが記載されていれば，計算上，割増賃金の単価を算出することは可能であるから[21]，必ずしも時間外労働時間数と残業手当の額まで記載しなければならないとは考えにくいし，仮に固定残業代を超える残業代が発生した場合に，その差額を上乗せして支払うことは，同法37条の規定から当然のことであり，あえてこれを明記しなければ固定残業代が無効であるとするのは，その根拠が明らかではないように思われる。さらに，前述したとおり，同

21　たとえば，月額給与が30万円，固定残業代が10時間分とした場合に，基本給（X）の額は，X+（X÷所定労働時間）×10時間×1.25=30万円の計算式より算出可能である。なお，こうした計算式については周知していないと明確区分性の要件を満たしたとはいえないとする見解として，白石哲「固定残業代と割増賃金請求」白石哲編著『労働関係訴訟の実務』（商事法務，2012年）119頁～120頁。

法所定の方法とは異なる計算方法で割増賃金を支払っている場合でも，時間外労働，深夜労働，休日労働に対して，労働基準法等が定める基準を満たす一定額以上の割増賃金を支払う限り適法であることからすれば，固定残業代として一定の金額を支払っており，その金額が毎月の同法所定の計算方法による割増賃金の総額よりも多ければ，未払残業代は存在していないのであって，あえて毎月の時間外労働時間と残業手当額を明記する必然性は乏しいように思われる。

(4) その他の考慮要素

最高裁における固定残業代の判断基準は上記のとおりであるが，下級審においても，最高裁の判断基準に付随して，いくつか考慮された要素が認められる。なお，ここで列挙した裁判例については，本節の末尾にまとめているので，参照していただきたい。

① 対価性の要件

前掲・高知県観光事件で前提の要件と考えられていた対価性の要件については，他の下級審裁判例においても，これを明確に指摘するものが見られる。アクティリンク（第2）事件・東京地判平24・8・28労判1058号5頁では，賃金規程上30時間分の時間外手当として規定されていた「営業手当」について，売買事業部の従業員が諸経費を賄う趣旨を含んでおり，業務部以外の従業員が時間外労働を行っても支給されないこと等を理由に，「営業手当」が一種のインセンティブであり，時間外労働の対価としての性格を有しているとはいえないと判断された。また，イーライフ事件・東京地判平25・2・28労判1074号47頁では，超過勤務手当の代わりとして支給されていた精勤手当について，支給額が労働者の年齢，勤続年数，被告の業績等により数回にわたって変動していることから，時間外労働の対価としての性質以外のものが含まれていると判断されている。このようなことからすると，他の名称の手当をもって固定残業代とする場合には，制度設計時において，支給対象者を時間外労働が発生する労働者とし，支給額も労働時間や金額等で定額化する等の配慮が必要になる。

② 清算合意あるいはその実態

すでに述べたとおり，固定残業代を上回る残業代が発生した場合に，その差額を支払うことは労働基準法37条の趣旨から当然であり，あえて規定するまで

もないことである。しかし，下級審裁判例の中には，こうした差額清算の合意か，あるいは少なくとも実態が必要であると判示するものもある[22]。

③ 時間外労働時間の内訳

ファニメディック事件・東京地判平25・7・23労判1080号5頁では，給与規程上，75時間分の時間外労働手当相当額と30時間分の深夜労働手当相当額を基本給に含むと規定し，その計算方法を規定していたが，裁判所は，「75時間分」が2割5分増の時間外割増賃金のみを対象とするのか，3割5分増の休日割増賃金も対象にするのか判然としないとして，固定残業代を無効と判断している[23]。また，前掲・イーライフ事件においても，時間外労働手当の趣旨として支給していた精勤手当の金額が1年間に数回も変動しており，その幅も決して小さくなく固定性（定額制）に疑問があるばかりか，その合意中に当該支給額が何時間分の時間外労働に相当するものであるかを明確にする指標を見出すことはできないと判示し，固定残業代としての性質を否定している。これらの裁判例を敷衍すれば，固定残業代において，労働時間数をもって明示するのであれば，具体的な労働時間数を固定し，かつ時間外労働なのか休日労働なのか深夜労働なのかについても区別しておいたほうが無難であろう。

④ 固定残業代の想定労働時間

ザ・ウィンザー・ホテルズインターナショナル事件・札幌高判平24・10・19労判1064号37頁では，職務手当が95時間分の時間外労働手当であるとの主張に対し，労働基準法36条の上限として周知されている月45時間を超えて具体的な時間外労働義務を発生させるものと解釈するのは相当でないと判断した。また，このような長時間の時間外労働を義務付けることは，使用者の業務運営に配慮しながらも労働者の生活と仕事を調和させようとする労働基準法36条の規定を無意味なものとするばかりでなく，安全配慮義務に違反し，公序良俗に反するおそれさえあるとも判示している。マーケティングインフォメーションコミュ

22　前掲・アクティリンク（第2）事件，前掲・イーライフ事件等。
23　Y工務店事件（東京地判平25・6・26判例集未登載）も，給与の40％に相当する時間外労働時間は，休日，深夜，月60時間超，の時間がそれぞれ何時間あったかで変動するものであって，給与の40％に相当する時間外労働時間を確定することができないとして，固定残業代の効力を否定した。

ニティ事件・東京高判平26・11・26労判1110号46頁でも，同法36条が36協定の締結を要件に例外的に労働時間の延長を認める趣旨であることから，100時間という長時間労働を恒常的に行わせることは上記法令の趣旨に反すると判示している。このことからすれば，36協定の上限を超える時間外労働に対する固定残業代の支払は，法の趣旨に反していると判断される可能性が高い。そのため，固定残業代の対象となる時間外労働時間は，限度基準に則り1カ月当たり45時間を限度とすることが望ましい。

⑤ 労働者の業務内容・年収額

東京高判平27・10・7判時2287号118頁は，医師である労働者について，医師という職種や，月額120万1000円（年俸1700万円）という給与額から，通常業務の延長としての時間外労働に係る賃金分が含まれていると解しても何ら不合理とはいえない額といえるとして，上記月額に固定残業代が含まれていることを認めた。同様に，モルガン・スタンレー・ジャパン事件・東京地判平17・10・19労判905号5頁では，外資系証券会社の従業員に関する残業代が請求された事案において，基本給だけでも月額183万3333円（年俸2200万円÷12）が支払われていること等を考慮して，所定時間外労働の対価は，基本給の中に含まれていると判断している。これら2つの裁判例を基にしても，具体的にどのくらいであれば残業代が含まれていると判断してよいのか，明確な基準が示されているわけではないため，慎重な検討は必要になるものの，一般と比較して高額な給与を得て，裁量性の高い業務に従事している場合には，月額給与の中に残業代が含まれているという主張をすることも考えられる（事案によっては，残業代を放棄する旨の合意がなされているとの解釈も考えられるであろう）。

4　固定残業代に関する主張立証の留意点

すでに述べたとおり，テックジャパン事件の補足意見についてはその根拠は十分に明確であるとは言いがたいように思われる。もっとも，明確区分性の要件は法廷意見においても求められており，給与規程や雇用契約書等において，固定残業代に相当する労働時間（時間外労働，休日労働，深夜労働の区分けも

あると望ましい）や金額を記載しておくことが望ましいのはいうまでもない。

また、前述したように、労働者としては上記補足意見を根拠に固定残業代の適法性を争ってくる可能性があるし、テックジャパン事件後の裁判例においても、固定残業代を上回る残業代が発生した場合の清算の合意や清算の実態が存在することを要件とする裁判例も出ていることからすれば、裁判実務において、補足意見の存在を無視することは適切ではない。かかる意味では、割増賃金の単価の計算方法を給与規程に規定したり、給与明細上、時間外労働時間を明記するといった対応を取ったりすることは、固定残業代の有効性を担保する要素になろう。

いずれにせよ、平時において固定残業代が適法といえるのかどうか、前述した裁判例において列挙している要素も含めて検証し、労働者から反論を受ける可能性がある要素についてはこれを改善しておくことが重要である。

【下級審裁判例】

(1) アクティリンク（第2）事件（東京地判平24・8・28労判1058号5頁）

当事者	原告：被告の元従業員（営業職） 被告：不動産売買、賃貸、管理およびこれらの仲介業を目的とする会社
固定残業代の内容	定額手当型 営業手当は、本件賃金規程において、月30時間分に相当する時間外労働割増賃金として支給されることとされている（本件賃金規程13条）
結論	固定残業代は無効
①対価性の要件	【規範】 実質的に見て、当該手当が時間外労働の対価としての性格を有していること（条件①）が必要とされた。 【あてはめ】 営業手当は、売買事業部の従業員が顧客と面談する際にかかる諸経費をまかなう趣旨を含んでいたこと、被告では業務部の従業員も時間外労働に従事しているにもかかわらず、業務部の従業員に営業手当は支払われておらず、これと同趣旨の別の手当が支払われているわけでもないこと

	等から、営業手当は、営業活動に伴う経費の補充又は売買事業部の従業員に対する一種のインセンティブとして支給されていたものとみるのが相当であり、実質的な時間外労働の対価としての性格を有していると認めることはできないと判断された。
②明確区分制の要件	判示なし
③清算合意または清算の実態の要否	【規範】 支給時に支給対象の時間外労働の時間数と残業手当の額が労働者に明示され、定額残業代によってまかなわれる残業時間数を超えて残業が行われた場合には別途清算する旨の合意が存在するか、少なくともそうした取扱いが確立していること（条件②）が必要不可欠であるとされた。 【あてはめ】 原告の就業日数は月25日とされているところ、就業日数が月25日であれば、1週当たりの就業日数が6日になる週が少なくとも2週あることとなり、1週当たり40時間を超える時間外労働の合計は少なくとも月16時間（8時間×1日×2週）に達することになること、売買事業部では、月の後半の2週間は午後9時まで、それ以外の日は午後8時まで就労していたというのであるから、毎月、少なくとも20時間程度の時間外労働が発生していることになることから、本件賃金規程13条に基づく支給額（30時間分）との差額の清算を要する月が相当程度存在したことになるが、上記差額の精算を行った形跡を認めることはできない、と判断された。
その他	差額支払合意が必要であると明確に述べた第1事件（東京地判平24・6・29ウエストロー2012WLJPCA06298017）がある

(2) ワークフロンティア事件（東京地判平24・9・4労判1063号65頁）

当事者	原告ら：被告の元従業員 被告：産業廃棄物の収集運搬を主たる業とする株式会社
固定残業代の内容	基本給組込型 【労働条件通知書（原告Aのものを例示）】 ・「基本給」の項目に「292,000円」

	・「※時間外労働45時間分の固定割増賃金71,544円を含む」との記載がある。 ・各労働条件通知書には「超過勤務手当」として差額を支給する旨の規定も存する。
結論	固定残業代は有効
基本給に固定割増賃金を含める合意の成否	一部の原告らは，基本給額とその中に含まれる固定割増賃金の額とが明記された労働条件通知書が示され，各原告らが署名したうえでこれを被告に提出することによって，当該労働条件に同意した事実が認められるとされた。 他方，他の原告らについても，被告は従業員との個別合意により，基本給額とその中に含まれる固定割増賃金の額とが明示された固定割増賃金の定めを設けようとしていたことから，他の原告らに対しても，その採用時に基本給額とその中に含まれる固定割増賃金の額とが明記された労働条件通知書が交付されたと認められるところ，他の原告らは，<u>当該労働条件通知書に署名して被告に提出することまではしていないものの，当該労働条件通知書に記載された労働条件に異議を述べることなく被告に入社して就労し，記載されたとおりの賃金を受領していたものである</u>から，他の原告らとの間においても，当該労働条件通知書に記載された内容での合意が黙示的に成立しているとされた。
①対価性の要件	判示なし
②明確区分制の要件	【規範】 基本給の中に割増賃金を含める旨の合意について，その基本給のうち割増賃金に当たる部分が明確に区分されて合意されていることが必要であるとされた。 【あてはめ】 旧賃金規程は，いわば労働基準法に則した割増賃金の定めを置いているにすぎないと見られるから，同法上有効とされる固定割増賃金に関する合意が，旧賃金規程に反し無効とされることはないとし，被告と原告らとの間の固定割増賃金に関する個別合意が，労働基準法に反するものでないと判断された。
③清算合意または清算の実態	【規範】 労働基準法所定の計算方法による額がその額を上回るときはその額を支払うことが合意されていることが必要であるとされた。

の要否	【あてはめ】 各基本給に含まれる固定割増賃金は時間外労働45時間分にすぎず，それを超える長時間の残業がされた場合等には，基本給では消化しきれない超過割増賃金が発生することは当然の前提とされていること，被告においては，基本給の他には割増賃金を支払わないという従前の取扱いを改め，労働基準法上も適法として是認される形での固定割増賃金制度を導入すべく，原告らとの個別合意が図られたこと等に照らし，明文の記載はなくとも，<u>超過割増賃金が発生する場合に被告が差額支払義務を負うこと</u>は，むしろ当然のこととして当事者間で合意されていると判断された。 なお，被告においては，実際には，これまで固定割増賃金額を超える超過割増賃金の精算がされたことはない，が，その点は<u>付加金において考慮すれば足りるとも判断されている。</u>

(3) トレーダー愛事件（京都地判平24・10・16判夕1395号141頁）

当事者	原告：被告の元従業員 被告：冠婚葬祭やそれに関連する諸分野を中心に事業を展開する株式会社
固定残業代の内容	定額手当型 【給与規程】 第3条 給与の体系は次のとおりとする。 (1) 基準内賃金（時間外労働の基準額に含まれる賃金） 　① 基本給（基本給表による） 　② 役割給（職位に応じて設定，役割給表による） (2) 基準外賃金（時間外労働の基準額に含まれない賃金） 　① 通勤費（通勤方法・通勤距離に応じて支給する） 　② 役割業務手当（時間外手当に相当） 　③ 成果給（前年度の成果および管轄業務に応じて設定，時間外手当に相当） 　④ 成績手当（時間外手当に相当） 　　各事業部の「職務手当規程」による。 　⑤ 勤務手当・営業手当・集金地域手当（時間外手当に相当） 　　各事業部の「職務手当規程」による。

	⑥　繁忙手当（時間外手当に相当） 　　施行数が前年度平均の25％以上に及ぶ場合，または新店舗開設により時間換算給与の増額が見込まれる場合，施行数増加分の勤務手当として支給する。 ⑦　調整手当（時間外手当と，成果給・成績手当・勤務手当・繁忙手当との差額を支給） 　　成果給と成績手当及び勤務手当・繁忙手当の合計額が，時間外労働に対する手当（時間外手当，休日出勤手当，深夜勤務手当）の合計額より多い場合は，成果給と成績手当及び勤務手当・繁忙手当を支給する。ただし，成果給と成績手当及び勤務手当・繁忙手当の合計額が，時間外労働に対する手当の合計額を下回る場合は，差額を調整手当として成績手当にて支給する。 第15条 会社は，労働時間の短縮を目的として成果主義を導入している。年間の勤務実績と業績を評価し成果給（年1回改定）と成績手当（3箇月毎の業績評価に基づく）を支給する。但し，成果給と成績手当及び勤務手当・繁忙手当の合計額が，時間外労働に対する手当（時間外手当，休日出勤手当，深夜勤務手当）の合計額を下回る場合は，差額を調整手当として支給する。 成果主義は，労働時間を短縮し，業務を効率よく遂行し，目標の業績をあげることを推進するものであり，効率の悪い長時間労働を防止することを目的とするものである。
結論	固定残業代は無効
①対価性の要件	原告の基本給と，成果給はほぼ拮抗しており，さらに，他の手当も，役割給（役職者手当）と通勤手当を除くと，すべて時間外手当と位置づけられ，時間外手当が基本給を上回っているということは，1日少なくとも5時間を超える時間外労働をすることを前提とした賃金体系になっていること，<u>業務の性質が大幅に労働者の裁量に委ねられているような裁量労働者である場合はともかく，ホテルのフロント業務であり，宿泊客等に対する対応が主たる業務である場合，概ね成果（業績）は労働時間に比例すること</u>，所定内労働と時間外労働で労働内容が異なるものではないこと等から，基本給（所定労働時間内の賃金）と成果給（時間外手当）とで労働単価につき著しい差を設けている場合には，その賃金体系は，合理性を欠くというほかなく，<u>基本給と成果給（時間外手当）の割り振りが不相当ということになり，成果給（時間外手当）の中に基本給に相当する部分を含んでいると解さざるを得ない</u>と判断されている。

	また，時間外手当は労働者を法定労働時間を超えて労働させた場合に使用者が支払う手当であって，労働時間に比例して支払うものであるのに対し，成果給（時間外手当）は前年度の成果に応じて人事考課によって決められるものであり，性質が異なるものであること，被告は，<u>単純に最低賃金時間額を上回って万単位で最も低い金額を基本給とし，月額総額を保障するためにその余を定額の時間外手当に割り振ったものであるといえること</u>，所定労働時間内の業務と時間外の業務とで業務内容が異ならないにもかかわらず，基本給と時間外手当とで時間単価に著しい差を設けることは本来あり得ず，被告の給与体系は，時間外手当を支払わないための便法ともいえるものであって，成果給（時間外手当）の中に基本給に相当する部分が含まれていると評価するのが相当であることも考慮して，被告の賃金体系は不合理なものであり，成果給（時間外手当）の中に基本給の部分も含まれていると解するのが相当であると判断されている。
②明確区分制の要件	対価性の要件の中で考慮
③清算合意または清算の実態の要否	判示なし

(4) ザ・ウィンザー・ホテルズインターナショナル事件
（札幌高判平24・10・19労判1064号37頁）

当事者	控訴人：北海道の洞爺湖近くで「ザ・ウィンザーホテル洞爺リゾート＆スパ」（以下「本件ホテル」という）を経営する会社 被控訴人：控訴人の経営するホテルで料理人またはパティシエとして就労していた被控訴人
固定残業代の内容	定額手当型 【労働条件確認書】 「基本給22万4,800円」，「職務手当（割増賃金）15万4,400円」のほか，年2回の賞与が記載されているが，職務手当が何時間の時間外労働の対価であるかは記載されていない。

	【賃金規程】 （4条） 基礎賃金となるのは，「基本給」，「調整給」，「役職手当」，「専門職手当」，「初任給特別調整手当」，「資格手当」及び「特別手当」であり，除外賃金となるのは，「時間外勤務手当」，「休日勤務手当」，「深夜勤務手当」，「職務手当」，「特別専門職手当」及び「通勤手当」である。 （10条） 「時間外勤務手当」等の計算は，月平均所定内労働時間を「（365日－年間休日数105日）×（1日の所定労働時間8.0時間）÷12ケ月」として計算される173.33時間とし，割増率を法定のものとして行う。 （26条） 1項「所定労働時間を超えて勤務する時間及び深夜労働に対し，毎月一定額をみなし時間外手当として職務手当を支給することがある」 2項「職務手当の支給額については，職種・職責等に応じて各人毎に決定する」 3項「職務手当は，管理・監督の職にある者について深夜労働部分のみを支給する」
結論	固定残業代は限定的な範囲のもと有効
無限定な定額手当賃金に関する合意の成否	【結論】 合意自体の成立は認める 【判示】 労働条件確認書により，定額払の時間外賃金として職務手当の受給を合意したことは認め，企業が，賃金計算を簡略化するため，毎月，一定時間までの時間外労働の対価として（時間外労働がその一定時間に満たない場合でも）定額の時間外賃金を支払う旨を労働者と合意し，または就業規則でその旨を定めることは，それ自体が違法であるとはいえないとされた。 また，本件職務手当が95時間分の時間外賃金に相当するという原告の主張に対しては，95時間を超える残業が生じても，これに対して全く時間外賃金を支払っていないこと等から，原告も，本件職務手当以外に時間外賃金が支払われるとは考えていなかったとして，<u>本件職務手当が95時間分の時間外賃金として合意され，あるいはその旨の就業規則の定めがされたとは認め難く，むしろ，被控訴人と控訴人との間の定額時間外賃金に関する合意（本件職務手当の受給に関する合意）は，時間外労働が何時間発生したとしても定額時間外賃金以外には時間外賃金を支払わないという趣旨で定額時間外賃金を受給する旨の合意（以下，この合意を</u>

	「無制限な定額時間外賃金に関する合意」という）であったとされた。

無制限な定額時間外賃金に関する合意が，強行法規たる労働基準法37条以下の規定の適用を潜脱する違法なものであるか否かについては，ある合意が強行法規に反しているとしても，当該合意を強行法規に抵触しない意味内容に解することが可能であり，かつ，そのように解することが当事者の合理的意思に合致する場合には，そのように限定解釈するのが相当であって，強行法規に反する合意を直ちに全面的に無効なものと解するのは相当でなく，本件職務手当の受給に関する合意は，一定時間の残業に対する時間外賃金を定額時間外賃金の形で支払う旨の合意であると解釈するのが相当であると判断された。 |
| 職務手当は何時間分の時間外労働割増賃金として合意されたか | 【結論】
45時間分の通常残業の対価としての合意を認める
（95時間分としては否定）

【判示】
定額の時間外賃金が合意されると，その支払がされる分の時間外労働を使用者から要求された場合，労働者は，これを拒否すると賃金の支払が約束されている労働を拒否することになるから，法的な義務として時間外労働をせざるを得ず，定額時間外賃金の合意は，時間外労働をすべき私法上の義務（使用者からみれば権利）を定める合意を含むものということができるとされた。

もっとも，具体的な時間外労働義務は，労働基準法36条，就業規則の定めや合意によって，同条の基準の範囲内で，かつ，合意内容が合理的なものと認められる場合に限り，法的義務として発生するものと解されるところ，同条は，①時間外労働の例外性・臨時性，②仕事と生活の調和，③業務の柔軟な運営の要請を考慮して，一定の範囲で時間外労働を適法なものとし，時間外労働の内容を合理的なものにしようとする規定であるから，その趣旨は就業規則や労働契約の解釈指針とすべきであるとされた。本件職務手当の受給合意について，これを，労働基準法36条の上限として周知されている月45時間（昭和57年労働省告示69号・平成4年労働省告示72号により示されたもの）を超えて具体的な時間外労働義務を発生させるものと解釈するのは相当でないと判断された。

　また，本件職務手当が95時間分の時間外賃金であると解釈すると，本件職務手当の受給を合意した被控訴人は95時間の時間外労働義務を負うことになるものと解されるが，このような長時間の時間外労働を義務付 |

けることは，使用者の業務運営に配慮しながらも労働者の生活と仕事を調和させようとする労働基準法36条の規定を無意味なものとするばかりでなく，安全配慮義務に違反し，公序良俗に反するおそれさえあるとして，<u>本件職務手当が95時間分の時間外賃金として合意されていると解釈することはできない</u>とされている。

以上を踏まえ，本件職務手当は，45時間分の通常残業の対価として合意され，そのようなものとして支払われたものと認めるのが相当であり，<u>月45時間を超えてされた通常残業および深夜残業に対しては，別途，就業規則や法令の定めに従って計算した時間外賃金が支払われなければならない</u>と判断された。

①対価性の要件	判示なし
②明確区分制の要件	判示なし
③清算合意または清算の実態の要否	判示なし

(5) イーライフ事件（東京地判平25・2・28労判1074号47頁）

当事者	原告：被告により懲戒解雇された被告の年俸制の元従業員 被告：ポータルサイトの運営およびIT関連事業，情報システムの開発およびコンサルティング，広告代理業等を目的とする株式会社
固定残業代の内容	定額手当型 本件給与規程13条は，「会社は，営業社員について本規程第15条の超過勤務手当に代えて，精勤手当を定額で支給する。なお，超過勤務手当が精勤手当を超える場合には，その差額を支給するものとする。」と，また同15条は，時間外勤務手当の計算方法として，「基本給／その年度における1カ月の平均所定労働時間×時間外労働時間数×1.25」と規定している。

結論	固定残業代は無効
みなし残業合意	否定 本件給与規程13条は、規定上年俸制の従業員には適用されないため。（仮にみなし残業合意が成立していたとした場合の仮定的議論として固定残業代の下記要件が検討されている。）
①対価性の要件	【規範】 ①当該手当が実質的に時間外労働の対価としての性格を有していること（要件a） 【あてはめ】 要件aを満たすには、少なくとも当該手当が、①時間外労働に従事した従業員だけを対象に支給され、②時間外労働の対価以外に合理的な支給根拠（支給の趣旨・目的）を見出すことができないことが必要であると解されるところ、原告に支給されていた精勤手当は、その<u>支給額が原告の年齢、勤続年数、被告の業績等により本件全請求期間だけでも数回にわたって変動していることから、精勤手当は、時間外労働の対価としての性質以外のものが含まれているものとみるのが自然</u>であって、①時間外労働に従事した従業員だけを対象に支給され、②時間外労働の対価以外に合理的な支給根拠（支給の趣旨・目的）を見出すことができない性質の手当であるとはいい難いと判断された。
②明確区分制の要件	【規範】 ②定額残業代として労働基準法所定の額が支払われているか否かを判定することができるよう、その約定（合意）の中に明確な指標が存在していること（要件b） 【あてはめ】 要件bを満たすには、少なくとも当該支給額に固定性（定額制）が認められ、かつ、その額が何時間分の時間外労働に相当するのかが指標として明確にされていることが必要であると解されるところ、精勤手当は、<u>1年間に数回も変動しており、その幅も決して小さくなく固定性（定額制）に疑問があるばかりか、その合意中に当該支給額が何時間分の時間外労働に相当するものであるかを明確にする指標を見出すことはできない</u>として、要件bも満たしていないと判断された。 なお、<u>給与の算定等における内部的な資料において一定の基準が記載されていたことについては、給与規程の一部を構成するものではなく、し</u>

	かも従業員に対しても閲覧等をさせていなかったことから，合意内容を補充するような性質の文書ではなく，裁判所の判断に何ら影響を及ぼすものではないとも判断されている。
③清算合意または清算の実態の要否	【規範】 ③当該定額（固定額）が労働基準法所定の額を下回るときは，その差額を当該賃金の支払時期に精算するという合意が存在するか，あるいは少なくとも，そうした取扱いが確立していること（要件c） 【あてはめ】 要件cについては，差額精算の合意ないし取扱いが存在したことを認めるに足る証拠はないとされた。
その他	アクティリンク第1事件と同様の裁判官が担当

(6) Y工務店事件（東京地判平25・6・26判例集未登載）

当事者	原告：被告の元従業員（営業職）であった者の相続人 被告：室内装飾および住宅設備機器の設計，施工および監理等を業とする株式会社
固定残業代の内容	基本給組込型 【労働条件通知書及び給与規則】 給与規則23条に「営業SF職・AL職の基本給及び調整給の60％或いは65％を本給とし，40％ないし35％を超過勤務・深夜勤務・休日勤務手当とする」と定められ，被告以外の従業員に対する労働条件通知書には，所定時間外，休日または深夜労働に対して支払われる割増賃金率の項において，「みなし労働者や年俸者の場合は金額の4割を相当分としています。」と記載されている。
結論	固定残業代は無効
①対価性の要件	判示無し
②明確区分制の要件	【規範】 判示なし 【あてはめ】 給与の40％に相当する時間外労働時間は，休日，深夜，月60時間超，の時間がそれぞれ何時間あったかで変動するものであって，給与の40％に

第3章 残業代請求訴訟

	相当する時間外労働時間を確定することができないことから，給与の40％を超過勤務・深夜勤務・休日勤務手当とすることは，割増賃金に当たる部分がそれ以外の賃金部分と明確に区別されているとはいえないとして，固定残業代を無効とした。
③清算合意または清算の実態の要否	判示なし

(7) ファニメディック事件（東京地判平25・7・23労判1080号5頁）

当事者	原告：被告に試用期間のみ勤めていた獣医師 被告：動物の診療施設の経営などを目的とする株式会社
固定残業代の内容	基本給組込型 【賃金規程】 第11条（基本給の決定） 　基本給は，従業員の能力，経験，技能，職務内容及び勤務成績などを総合的に勘案して各人ごとに決定する。 2．獣医師の基本給は，各人別に算定される能力基本給及び年功給により構成されるものとし，以下の式により算出される<u>金額を75時間分の時間外労働手当相当額及び30時間分の深夜労働手当相当額として含むものとする。</u> 　　75時間分の時間外労働手当相当額 　　　＝（能力基本給＋年功給）×34.5％ 　　30時間分の深夜労働手当相当額 　　　＝（能力基本給＋年功給）×3.0％ 　　（3項及び4項　略） 5．その月の時間外労働手当，法定休日労働手当及び深夜労働手当の合計額が前各号の時間外労働手当相当額を超える場合には，会社は，その超過分について支払う。
結論	固定残業代は無効
①対価性の要件	判示なし

②明確区分制の要件	【規範】 　基本給に時間外労働手当が含まれると認められるためには、通常の労働時間の賃金に当たる部分と時間外及び深夜の割増賃金に当たる部分が判別出来ることが必要であるとし、その趣旨は、時間外及び深夜の割増賃金に当たる部分が労働基準法所定の方法で計算した額を上回っているか否かについて、労働者が確認できるようにすることにあるとされた。 【あてはめ】 　本件固定残業代規定に従って計算することで、通常賃金部分と割増賃金部分の区別自体は可能であるが、同規定を前提としても、75時間分という時間外労働手当相当額が2割5分増の通常時間外の割増賃金のみを対象とするのか、3割5分増の休日時間外の割増賃金をも含むのかは判然とせず、契約書や給与支給明細書にも内訳は全く記載されていないとされ、本件固定残業代規定は、割増賃金部分の判別が必要とされる趣旨を満たしているとはいい難く、基本給全体が割増賃金の基礎となる賃金にあたるとされた。 　なお、本件固定残業代規定の予定する残業時間が労働基準法36条の上限として周知されている月45時間を大幅に超えていること、残業時間を引き上げるにあたり、支給額を増額するのではなく、全体に対する割合の引上げで対応していること等に鑑みれば、本件固定残業代規定は、割増賃金の算定基礎額を最低賃金に可能な限り近づけて賃金支払額を抑制する意図に出たものであることが強く推認され、規定自体の合理性にも疑問なしとしないとも指摘されている。
③清算合意または清算の実態の要否	判示なし
その他	アクティリンク第2事件と同様の裁判官が担当

(8) 泉レストラン事件（東京地判平26・8・26労判1103号86頁）

当事者	原告：被告の元従業員 被告：コンビニエンスストアを運営している株式会社
固定残業代の内容	基本給組込型

	【給与規程上の定め】 「ポスト職以外の社員については，支給される基本給の3割相当額，業務手当の3割相当額，資格手当の3割相当額と職務手当全額を，表記の順に一定時間分に相当する時間外，休日および深夜勤務に対する時間外勤務手当として支給し，表記の順に充当する。ただし，当該時間外手当相当分の時間を上回る時間数が発生した場合には，超過した時間に対する時間外，休日および深夜勤務手当を別途支給する。」との記載がある。 【雇用契約上の定め】 「賃金欄に「月額250,000円」との記載があり，欄外に「※「月俸には，金75,000円の時間外手当を含む。」との記載がある。」
結論	固定残業代は無効
①対価性の要件	【規範】 一定額の手当の支払がいわゆる固定残業代の支払として有効と認められるためには，少なくとも，①当該手当が実質的に時間外労働の対価としての性格を有していることが必要であるとされた。 【あてはめ】 本件時間外勤務手当制度は，一部の役職を除く全従業員を対象に導入していると認められ，<u>従業員に実際に恒常的に発生する時間外労働の対価として合理的に定められたものとはいえないこと</u>等から，本件時間外勤務手当が実質的に時間外労働の対価としての性格を有しているとはいえず，①の要件は認められないとされた。
②明確区分制の要件	【規範】 ②当該手当に係る約定（合意）において，通常の労働時間の賃金に当たる部分と時間外割増賃金に当たる部分とを判別することができ，通常の労働時間の賃金に当たる部分から当該手当の額が労働基準法所定の時間外割増賃金の額を下回らないかどうかが判断し得ることが必要であるとされた。 【あてはめ】対価性の要件を満たさないため判断無し
③清算合意または清算の実態の要否	判示なし

(9) 東京高判平27・10・7判時2287号118頁

当事者	控訴人：被控訴人に勤務していた医師 被控訴人：病院を運営する医療法人
固定残業代の内容	基本給組込型 【雇用契約】 給与　　月120万1000円 　　　　基本給　　86万0000円 　　　　役付手当　　3万0000円 　　　　職務手当　15万0000円 　　　　調整手当　16万1000円 　　　　初月調整　　　8000円 賞与　本給月額の3カ月分相当額を基準とし，成績により勘案する。 　　　　　　夏期（本給月給の1カ月分） 　　　　　　冬期（本給月給の2カ月分） 【時間外規程】 (ア)　第1条（目的） 　この規程は，○○グループに勤務する医師の時間外勤務に対する給与について定めたものである。 (イ)　第2条（支給対象） 　時間外手当の対象となる業務は，原則として，病院収入に直接貢献するか，必要不可欠な緊急業務に限る。 　②　医師の時間外勤務に対する給与は，緊急業務における実働時間を対象として，管理責任者の認定によって支給する。支給対象者に研修医は除くものとする。 (ウ)　第3条（対象時間） 　時間外手当の対象とする時間外勤務の対象時間とは，勤務日の21時以降，翌日の8時30分までの間，および休日に発生する緊急業務に要した時間とする。 　②　通常業務の延長とみなされる時間外業務は時間外手当の対象とならない。 (エ)　第4条（当直・日直制度） 　内科，外科系，産婦人科，救急センターは当直体制（勤務日は17時30分から翌日8時30分まで，休日は8時30分から翌日8時30分まで）をとり，院内待機の義務を負うものとする。透析センターは日曜・祭日には日直体制（8時30分から17時30分まで）をとる。

	②　当直・日直医師に対しては，別に定める当直・日直手当を支給する。 （オ）　第7条（緊急入院等） 　緊急入院業務に対する手当は1時間までを対象とする。（以下略） （カ）　第8条（緊急検査等） 　時間外の緊急内視鏡検査，血管造影，心臓カテーテルなどの諸検査及び検査後の治療に対する手当は2時間までを対象とする。 （キ）　第9条（緊急手術） 　時間外の緊急手術に対する手当は，原則として，実質手術時間を対象とする。 （ク）　第17条（時間外勤務手当の単位） 　時間外勤務手当は，30分単位で算定するものとする。
結論	固定残業代は有効
判示	雇用契約及び本件時間外規程に基づき，控訴人と被控訴人が，本件時間外規程に基づき支払われる時間外労働賃金及び当直手当以外の通常の時間外労働賃金については，年俸に含まれる旨を合意したものであり，当該合意に係る本件雇用契約及び本件時間外規程は有効と判断した[24]。

原審（横浜地判平27・4・23判時2287号124頁）	
①対価性の要件	（ⅰ）　原告は医師として被告に雇用されたもので，その主たる業務は患者の診察及び治療行為であるところ，その業務は人の生命身体の安全に関わるもので，労働時間の規制の枠を超えて活動することが要請される重要な職務であり，医師においてはその職務を果たすべき責任を有しているといえるから，その業務は，かけた時間ではなくその内容が重要視されるべきであり，使用者の管理監督下でなされた労働時間数に応じて賃金を支払うことに本来馴染まないものともいえ，労働基準法による労働時間の規制を及ぼすことの合理性に乏しいとしている。 （ⅱ）　医師において患者の診察や治療行為をなすに当たっては，常に最新の医療情報を収集し，診察及び治療技術の向上のために日々研鑽することが求められるのであり，かような業務に対しても診察及び治療行為に付随する業務として賃金が支払われるものというべきところ，かような医師の業務については，その労働を量（時間）ではなく，その質ないし成果（業績）によって評価することが相当ということができる。

24　外資系証券会社の従業員に関する残業代が請求された事案においても，本件と同様に，基本給だけでも月額183万3333円（年俸2200万円÷12）が支払われていること等を考慮して，所定時間外労働の対価は，基本給の中に含まれているとした裁判例がある（モルガン・スタンレー・ジャパン事件・東京地判平17・10・19労判905号5頁）。

	（ⅰ）及び（ⅱ）より，医師である原告の賃金については，時間ではなく，質ないし成果（業績）において評価して定めることとし，時間外労働分については一定額を予め年俸ないしは月額給与に含めて支払うこととすることには合理性があると判断された。 　また，出勤簿等への出退勤時間の記載や，被告病院の診察時間という時間的制約を受けていたものの，患者の診察及び治療行為という医師の主たる業務に関しては，被告から指示管理されその管理監督下でなされていたとは認められず，原告においては，<u>自らの労働の提供については自らの裁量で律することができた</u>ものといえるから，<u>原告の通常の時間外労働に対する賃金について，時間数で算定しなくとも，特に労働者としての保護に欠けるおそれがない</u>と判断された。 　待遇面においては，原告と被告とは，その賃金について，労働時間数という量で決めるのではなく，原告の医師としての業務の質ないし成果（業績）を評価して1年毎にその報酬を決めるものと合意されていたといえ，月額120万1000円（年俸1700万円）という賃金額は，被告の他の職種の職員の給与や同年代の医師の平均給与に比較して相当高額といえるから，金額的にも原告の医師としての業務の質ないし成果（業績）に相応しい好待遇であったということができ，原告の月額120万1000円（年俸1700万円）という給与額は，<u>通常業務の延長としての時間外労働に係る賃金分が含められていると解しても何ら不合理とはいえない額</u>といえると判断された。
②明確区分制の要件	原告の給与は，月額120万1000円で，その内訳が，基本給86万円，役付手当3万円，職務手当15万円，調整手当16万1000円とされているが，月額給料のうちどの部分が時間外労働賃金に当たるかを定めた規程も合意もないことから，原告の月額120万1000円の給料については，<u>通常の労働時間の賃金に当たる部分と時間外割増賃金に当たる部分とを判別することができない</u>といわざるを得ないとしている。 　もっとも，<u>時間外手当を請求できない場合及びできる場合については，本件時間外規程で</u>具体的かつ明確に規定されており，原告においても，本件時間外規程に則り，時間外労働賃金を請求し，その支払を受けており，時間外手当を請求できる場合を認識できていたといい得るから，時間外割増賃金に当たる部分とを判別することはできないことは，月額120万1000円（年俸1700万円）に時間外労働賃金分が含まれることを否定する理由にはならないとされた。

第7節

労働時間等に関する規定の適用除外

　労働基準法41条は，農業または畜産・養蚕・水産業に従事する者，事業の種類にかかわらず，監督もしくは管理の地位にある者または機密の事務を取り扱う者，および，監視または断続的労働に従事する者で，使用者が行政官庁の許可を受けた者には，同法における労働時間，休憩および休日に関する規定は適用しないと規定している（同法41条1号～3号）。すなわち，使用者は，当該労働者に対し，時間外労働または休日労働に関する割増賃金を支払う義務は生じない[25]。そのため，労働者から残業代請求訴訟が提起された場合の使用者の反論として，当該労働者が上記のいずれかに該当すると主張することが考えられる。

　なお，本条において適用が除外されているのは，「労働時間，休憩及び休日に関する規定」のみであり，深夜労働に関する規定は適用されることから，深夜労働に対する割増賃金については支払わなければならない（最判平21・12・18労判1000号5頁）。

---

[25] 労働基準法41条各号に該当する者には，同法における労働時間，休憩および休日に関する規定が適用されないが，企業と労働者の間で，時間外労働または休日労働に関する割増賃金を支払う旨を合意している場合には，当該合意に基づき割増賃金を支払う義務が生じる。企業においては，管理監督者に対し，固定残業代等を支給する旨を就業規則で定めている場合には，時間外労働または休日労働に関する割増賃金を支払う旨を合意していると判断されるおそれがある点に留意されたい。

1 管理監督者

　上記の適用除外となる者のうちで、実務上、特に問題となるのが、管理監督者である。この管理監督者の内容について、企業においては、いわゆる職制上の管理職は法律上の管理監督者として扱い、時間外割増賃金等を支払わないとの取扱いが多く見られるが、裁判例における管理監督者の要件は厳格に適用されているため、管理監督者に関する抗弁が認められず、残業代の支払を余儀なくされる例はしばしば見られる。

(1) 管理監督者の内容
① 行政解釈

　通達によれば、「監督若しくは管理の地位にある者」（労働基準法41条2号）とは、労働条件の決定その他労務管理について経営者と一体的な立場にある者とされ、名称にとらわれず、実態に即して判断すべきものとされており（昭22・9・13発基17号）、この基準は裁判例においても引用されることが多い。

　なお、ライン上におらず部下のいないいわゆるスタッフ職についても、その企業内における処遇の程度によっては、管理監督者と同様に取り扱うのが妥当であるとされている（昭63・3・14基発150号）。

　次に、業種ごとに管理監督者について定めているものもある。「多店舗展開する小売業、飲食業等の店舗における管理監督者の範囲の適正化について」（平20・9・9基発0909001号）においては、チェーン店の形態により、相当数の店舗を展開して事業活動を行う企業における比較的小規模の店舗の店長等について、①店舗に所属するアルバイト等の採用、解雇、人事考課、労働時間の管理に実質的に関与していること、②遅刻、早退等により不利益な取扱いがされず、労働時間の裁量も認められ、部下の勤務態様とは異なること、③基本給・役職手当等の優遇措置があり、賃金の総額、時間単価が一般労働者やアルバイト等と同等以上であること等が必要であるとされている。また、都市銀行等の場合には、①取締役等役員を兼務する者、②支店長、事務所長等事業場の長、③本部の部長等で経営者に直属する組織の長、④本部の課またはこれに準ずる

組織の長，⑤大規模の支店または事務所の部，課等の組織の長で①〜④の者と銀行内において同格以上に位置付けられている者，⑥①〜④と銀行内において同格以上に位置付けられている者であって，①〜③の者および⑤のうち①〜③の者と同格以上の位置付けをされている者を補佐し，かつその職務の全部もしくは相当部分を代行もしくは代決する権限を有する者（次長，副部長等），⑦①〜④と銀行内において同格以上に位置付けられている者であって，経営上の重要事項に関する企画立案等の業務を担当する者（スタッフ）を管理監督者と定めている（昭52・2・28基発104号の2）。

② 裁判例における判断

裁判例においても，管理監督者とは，経営方針の決定に参画しあるいは労務管理上の指揮権限を有する等，その実態からみて経営者と一体的な立場にあり，出退勤について厳格な規制を受けず，自己の勤務時間について自由裁量を有する者とされている（静岡銀行事件・静岡地判昭53・3・28労判297号39頁等）。具体的には，

> ① 職務の内容が部門全体の統括的な立場にあるか否か。
> ② 従業員の採用，解雇の決定，および，部下に対する労働時間の管理等の労務管理上の決定等に関する一定の裁量権を有しているか否か。降格・昇格または昇給・賞与等の人事考課や機密事項に対して一定の関与をすることができるか否か。
> ③ 当該労働者に対し，管理職手当等の特別の手当を支給するなどして，管理監督者に相応しい待遇を与えているか否か。
> ④ 当該労働者の出退勤の自由等の労働時間に関して一定の裁量権を有しているか否か。

について，各要素を総合的に判断して管理監督者に該当するか判断している（ゲートウェイ21事件・東京地判平20・9・30労判977号74頁，東和システム事件・東京地判平21・3・9労判981号21頁等）[26]。

なお菅野和夫教授は，これらの裁判例の傾向として，管理監督者の定義のう

---

26 菅野475頁。

ち、「経営者と一体の立場にある者」、「事業主の経営に関する決定に参画し」の考え方について、企業全体の運営への関与を要すると解している可能性を指摘したうえで、かかる解釈は誤っているとする。すなわち、企業の経営者は管理職者に企業組織の部分ごとの管理を分担させつつ、それらを連携統合しているのであって、必ずしも企業全体の運営に関与するものでなくとも、担当する組織部分について経営者の分身として経営者に代わって管理を行う立場にあることが「経営者と一体の立場」であると考えるべきであるとする。また、当該組織部分が企業にとって重要な組織単位であれば、その管理を通して経営に参画することが「経営に関する決定に参画し」にあたるとみるべきであるとしている[27]。菅野教授の指摘のとおり、そもそも一般的な企業においては（特に企業規模が大きくなれば顕著であるが）、取締役や代表取締役であっても単独で、全社的な経営に関する決定を行うことは考え難く、しかるべき機関決定を踏まえる必要があるのが通常であるから、この指摘は説得的である。

いずれにせよ、残業代請求訴訟においても、管理監督者であることを主張する使用者の側において、各要素を裏付ける事実を積極的に主張立証していく必要がある。以下では、各要素について、裁判例も参照しつつ、必要と考えられる事実および証拠について検討する。

(2) 管理監督者の主張立証上の留意点
① 職務内容・権限

当該労働者が部門全体の統括的な立場にあると認められた裁判例では、以下のような内容が統括的な立場にあると判断されている。

> - 経理のみならず人事、庶務全般および事務を管掌すること（日本プレジデントクラブ事件・東京地判昭63・4・27労判517号18頁）。
> - 支店の経営方針を定め、部下を指導監督する権限（日本ファースト証券事件・大阪地判平20・2・8労判959号168頁）。
> - 代表取締役に次ぐナンバー2の地位にあり、各店舗等を統括する重要な立場であったこと、各店舗の改善策や従業員等の配置等といった重要事

---

[27] 菅野475頁。

項について意見を聞かれ，店長会議にも出席していたこと（ことぶき事件・東京高判平20・11・11労判1000号10頁）。
- エリア全体を統括するうえでの人事権，人事考課，労務管理，予算管理等必要な権限を有しており，部下の労務管理等の機密事項に一定程度接していること（セントラルスポーツ事件・京都地判平24・4・17労判1058号69頁）。

逆に，統括的な立場にないと判断された裁判例では，レストランの店長が「店長だけでなくコックやウェイターの業務もしていた」（レストラン「ビュッフェ」事件・大阪地判昭61・7・30労判481号51頁），ファーストフードの店長が，「店舗運営において重要な職責を負っているが，店長の職務，権限は店舗内の事項に限られる」（日本マクドナルド事件・東京地判平20・1・28労判953号10頁），「プロジェクトチームの構成員や下請会社，プロジェクトのスケジュールを決定する権限がない」（前掲・東和システム事件）等，その権限が限定的であった。また，管理監督者性が肯定されるケースでは，当該労働者が使用者の経営方針に関わる重要な会議等に参加する権限を有していたことも大きな要素となっている（センチュリー・オート事件・東京地判平19・3・22労判938号85頁等）。

以上からすれば，当該労働者がある部門全体の統括的立場にあることを主張立証するためには，使用者の組織構造，当該労働者の所属する部門内の組織構造，当該労働者の業務内容等の具体的事実に基づき，当該労働者の所属する部門の位置付け，使用者側の事業における当該部門の重要性，当該労働者の組織上の地位，担当する業務内容の重要性（当該業務が使用者側の収益に直結するものであること等）を主張することが重要となる。そのためには，組織図，業務分掌規程，業務ごとの収益割合を示す資料等を立証方法として用いることが基本となる。

また，当該労働者の役職に基づき，使用者における当該労働者の立場，権限（使用者の経営方針を決定するような重要な会議に関与しているか等）について立証するためには，当該労働者が署名した決裁資料（最終決裁か中間決裁か），重要な会議の出席案内（メール等），議事録等が客観的な証拠としては考えられる。

② 労務管理上の決定，人事考課や機密事項への関与

労務管理等の権限に一定の裁量を有することについては，当該労働者が，当該部門における従業員の採用，解雇，昇格・昇給等を決定していたことまたは一定の裁量権を有していたことを主張をすることが重要となる。徳洲会事件・大阪地判昭62・3・31労判497号65頁では，人事課長について自己の判断で，看護師の求人，募集のための業務計画，出張等の行動計画を立案し，実施する権限，本部や各病院の人事関係職員を指揮，命令する権限が与えられていたことが管理監督者性を認めるものとして判断されている。また，前掲・センチュリー・オート事件では，営業部に所属する従業員の出欠勤の調整，出退勤の管理等の管理業務を行っていたこと，前掲・日本ファースト証券事件では中途採用者を実質的に採否する権限を有していたこと，人事考課を行い，係長以下の人事に関する決定の裁量を有し，社員の昇格・降格に関し相当な影響力を有していたことが労務管理上の決定権を裏付ける事実として認定されている。また，正社員については評価権限しかないような場合であっても，契約社員やアルバイトなどの採用権限については認められており，自分で採用計画を立案していることもある。

こうした労務管理に関する決定権を主張するためには，まず前提として，労務管理，人事考課に関する具体的なフローを主張し，かかる過程において，当該労働者がどのように関与し，決定しているのかを具体的に主張する必要がある。たとえば，裁判上問題となる管理監督者の多くはいわば中間管理職であり，制度上は最終的な決定権まで有していないことも多い。しかし仮に上級管理職の決裁が必要であったとしても，ほとんど反対されることなく，基本的に当該労働者の意見が採用されている場合もあるので，ここでも形式的な権限のみならず，実態としての運用状況を具体的に主張立証していくことが必要である。

かかる事実を具体的に主張立証するためには，まず前提として，当該労働者が有する労務管理または人事考課上の権限を定めた社内規程が必要となる。

次に，部下の労働時間の管理については，部下のシフト決定に関する資料（シフトを当該労働者が組み，部下に送信したメール等），労働時間に対する承認印，遅刻や早退の承認者を示す資料，部下の労働時間の修正権限の有無等が必要となる。採用権限については，募集段階における採用計画の策定または上

級管理職に対する募集活動の打診メール，採用面接の記録における記載（署名の有無）等が証拠方法として考えられる。また，解雇については，解雇の決裁における署名，解雇通知書の署名等によりその権限を主張することになろう。さらに昇格・昇給については，人事評価制度の仕組みを示す資料，当該労働者が評価者として署名している評価シート，被評価者との面談記録等も，事実を裏付ける証拠となる。

③ 待　　遇

当該労働者または当該役職特有の手当や高額な基本給等の存在を主張する必要がある。通常は管理監督者に対しては役職手当等の手当をもって処遇しているから，まずはこうした手当の存在を主張することになる。当該労働者の賃金の総額についても，役員や一般従業員の賃金の総額と比較し，従業員全体において，どの程度の給与水準に位置するのかを具体的に示す必要がある（前掲・センチュリー・オート事件では，給与の額が会社代表者，工場長等に次いで高額であったこと等により，管理監督者に該当するとした。また，姪浜タクシー事件・福岡地判平19・4・26労判948号41頁は，従業員の中で最高額の700万円余りの高額の報酬を得ていたこと等より管理監督者性を認めている）。また比較の対象としても，賞与等で報いているときなど，年収で比較したほうが有利になることもあるため，毎月の給与だけでなく，年収ベースでの比較も検討し，有利であれば主張すべきである。さらには，給与の絶対的な金額が極めて高額であるということ自体も，管理監督者としての処遇を付与していると判断される要素となり得る（年俸1900万円以上に加え，事業給として，月額25万円が支給されていること，インセンティブ賞与として3000万円以上が支給されていること等より管理監督者性を肯定した裁判例として，東京地判平26・2・28 LLI/DBL06930615）。

なおこのとき特に注意しなければならないのが，当該労働者より下位で残業代を支給されている労働者との間で賃金の逆転現象が起きていないかどうかである。管理監督者になった結果，残業代を支給されていたころよりも給料が減る場合には，管理監督者に相応しい待遇を受けているとは言い難い（前掲・日本マクドナルド事件では，店長の年額賃金が，下位の職位にある労働者の平均年収より低額である場合があることを管理監督者性を否定する要素として指摘

した)。また，管理監督者になったことにより，営業に出なくなり，歩合給などの支給対象から外れた結果，非管理職のころよりも給料が下がることもある。歩合給はあくまでも業績に応じて支給されるものであり，支給されなくなることが論理的に矛盾があるとは言い難いが，裁判所に対しては合理的な説明を行う必要がある。

かかる事実を立証するためには，当該労働者の給与明細・賃金台帳，賃金規程の他に，サンプルとなる役員の報酬に関する資料や一般従業員の給与明細・賃金台帳を証拠とすることになる。

④ 出退勤に関する裁量権

出退勤については，当該労働者の労働時間の決定方法について具体的に主張することになる。出退勤時間，休憩時間，休日の取得方法等について，指揮命令を受けておらず，自ら決定していることを示す必要がある。すなわち，業務さえきちんとしていれば，いつ出勤し，いつ退勤しても構わないし（遅刻・早退等によって賃金を控除されたり賞与等で低い評価を受けたりしない），休憩時間もいつ取得してもよく，外出しても構わないといった状況が，管理監督者としての典型的な姿である[28]。前掲・姪浜タクシー事件では，出退勤時間について上司から何らの指示を受けておらず，会社への連絡だけで出先から帰宅できるなど特段の制限を受けていなかったことが裁量性を裏付ける要素として考慮されているし，前掲・セントラルスポーツ事件では，自由に接骨院に通院するなど業務時間に拘束されていなかったことから裁量性が判断されている。

もっとも，出退勤について裁量権を有しているといっても，管理監督者として決裁権限を有する立場として部下とともに事業を進める立場にいる以上，あまりに自由勝手気ままに勤務していると業務が滞ることにもなりかねない。そこで，管理監督者であっても，非管理職の部下と同様に始業・終業時刻を守っていることも多く，実際の勤務態度において非管理職と差がつかないケースもある。そこで，この要素については，賃金控除や評価の仕方等，制度における非管理職との差異を基本的な立証方法とすることになると思われる。

---

[28] 前掲・ゲートウェイ21事件では，外出についても報告することになっていたことが，否定的な要素として考慮されている。

なお、タイムカードの打刻や出勤簿の作成・提出が義務付けられている場合であっても、打刻の記録自体は当該労働者の出勤・退勤時刻を示すにすぎず、かかる事実のみで労働時間の決定に関する裁量権が否定されるものではない[29, 30]。重要なのは、上記の労働時間を実際に「管理」していたかどうかという実質である。たとえば、タイムカードや出勤簿に上位者の承認印等が押印されていると、当該労働者自身が労働時間を決定しているわけではないと判断される可能性があるし、遅刻や早退等の勤怠において上級管理職から注意を受けたりしていた場合には、労働時間を「管理」されていると判断される可能性が高まる。前掲・静岡銀行事件では、支店長代理に昇格してからも、毎朝出勤簿に押印し、欠勤・遅刻・早退をするには、事前あるいは事後に書面をもって上司に届け出なければならず、正当な事由のない遅刻・早退については、人事考課に反映され、場合によっては懲戒処分の対象ともされていたため、出退勤に関する裁量権が認められなかった。

また、実際の労働時間についても、長時間労働が続き常に業務に従事しているような状況だった場合には、出退勤の裁量が実質的に存在しないと判断される可能性があるため、注意する必要がある。前掲・日本マクドナルド事件では、店長が、実際には、勤務態勢上の必要性から、法定労働時間を超える長時間の時間外労働を余儀なくされており、労働時間に関する自由裁量性があったとは認められないと判断されている[31]。

出退勤についての裁量のある事実を立証するためには、まずは当該労働者の出退勤時間の記録の有無を確認する。記録が無い場合は労働時間管理をしていないことは明確になる。他方、仮に記録があった場合でも、就業規則上の始業・終業時刻と実際の出勤・退勤時刻の乖離があること（始業・終業時刻に縛られていないこと）等、「管理」を受けていなかったことを主張立証すること

---

[29] 労働安全衛生法上も、労働者の長時間労働に対しては医師の面接などが必要となることがあり（同法66条の8）、その観点から、管理監督者といえども、労働時間を「把握」しておくことは必要である。

[30] 前掲・徳洲会事件では、当該労働者にタイムカードの刻印義務があったが、給与計算上の便宜にすぎないとし、労働時間の自由裁量を肯定している。

[31] 同様に労働時間の拘束性が強いことから裁量を否定した裁判例として、前掲・東和システム事件、前掲・レストラン「ビュッフェ」事件等。

となる。次に、遅刻・早退・欠勤の場合に賃金控除や低い評価を受けていない事実については、給与規程や人事評価制度、さらには当該労働者の給与明細で立証する。その他、労働時間中にも自由に休憩を取得していたか、外出をしていたか等について、同じ職場の同僚や部下からヒアリングを行うことができれば望ましい。

以上のとおり、使用者は、各要素について、事実関係および証拠を整理する必要がある。当該労働者に関する事実・資料を整理するのみならず、同じ部門の他の従業員や他の部門の従業員にも十分なヒアリングを行い、同じ部門内の比較、部門間の比較、従業員ごとの比較などを行っておくことが重要となる。ヒアリング対象者の陳述書も訴訟上は重要となることから、あらかじめ陳述書の作成や尋問への参加について了解を得ておくことも必要となる。また、かかる立証については、実際に当該労働者がその裁量を行使したエピソードを摘示することが重要である。たとえば、当該労働者の一存で決定が下されたり、組織としての決定が覆ったりしたような事象や、その他当該労働者が組織に影響力を与えていたことについて主張および立証することも重要である。この際、部下からの供述を証拠として提出することも考えられる（当該労働者が管理監督者として権限や裁量、影響力を行使したエピソードを最もよく知る立場にあるのは当該労働者の部下であった者である）。

(3) 管理監督者の適法性検証

上記のとおり、管理監督者については、行政解釈および裁判例において、「経営者と一体の立場」であること、「経営に関する決定」に参画すること等が必要とされており、限られた従業員のみを管理監督者とすることを想定されているにもかかわらず、使用者の運用実務においては、多くの従業員を管理監督者として整理している場合が少なくない。そのため、管理監督者に該当するとの主張をしたものの、運用実態から労働基準法41条2号の管理監督者に該当しないと判断されるケースは多い。

使用者側は、管理監督者に対し、高額の賃金を支給する一方で、割増賃金を支給していないことから、残業代請求訴訟において、管理監督者への該当性を

否定された場合には，高額の割増賃金が認容されるおそれがあり，敗訴した場合の金銭的なリスクの大きさを十分に理解する必要がある。

したがって，使用者としては，管理監督者の範囲を過度に広げることなく，上記要素に照らし，管理監督者に該当しないと考えられる労働者に対しては，再度その取扱いを見直し，適切な範囲で管理監督者という取扱いをしておくことが望まれる。

2 管理監督者以外の労働基準法41条各号の該当者

(1) 機密の事務を取り扱う者

機密の事務を取り扱う者についても，労働基準法における労働時間，休憩および休日に関する規定は適用しない（同法41条2号）。

機密の事務を取り扱う者とは，秘書その他職務が経営者または監督もしくは管理の地位にある者の活動と不可分一体であって，厳格な労働時間管理になじまない者をいう（昭22・9・13発基17号）。

(2) 農業または畜産・養蚕・水産業に従事する者

労働基準法別表第1第6号（林業を除く）または第7号に掲げる事業に従事する者には，同法における労働時間，休憩および休日に関する規定は適用しない（同法41条1号）。

これらの産業は，天候・季節等の自然条件に強く影響されるため適応除外となっている。

(3) 監視または断続的労働者

監視または断続的労働に従事するもので，使用者が行政官庁の許可を受けたものには，労働基準法における労働時間，休憩および休日に関する規定は適用しない（同法41条3号）。

監視に従事する者とは，原則として，一定部署にあって監視するのを本体の業務とし，状態として身体または精神的緊張の少ない者とされ，そのような実態にある者は許可されるものとされている。他方で，①交通関係の監視，車両

誘導を行う駐車場等の監視等精神的緊張の高い業務，②プラント等における計器類を状態として監視する業務，③危険または有害な場所における業務に従事する者は許可しないとされている（昭22・9・13発基17号，昭63・3・14基発150号）。

　断続的労働に従事する者とは，休憩時間は少ないが手待ち時間が多い者とされており，勤務時間を基礎として作業時間と手待時間が折半程度までは許可されるものとされ，実労働時間の合計が8時間を超えるときは許可すべきではないとされている（昭22・9・13発基17号，昭23・4・5基発535号，昭63・3・14基発150号）。具体的には，鉄道踏切番（1日の交通量10往復程度），役員専属自動車運転者（昭23・7・20基収2483号），寄宿舎の寮母および看護婦（昭23・11・11基発1639号），小中学校の用務員，ビル警備員等は「断続的労働に従事する者」に該当するとされ，新聞配達従業員（昭23・2・24基発356号），タクシー運転者（昭23・4・5基収1372号），常備消防職員（昭23・5・5基収2483号）等は該当しないとされている。

(4) **実務上の留意点**

　管理監督者以外の者についても，労働基準法における労働時間，休憩および休日に関する規定が適用されないことにより，企業には，時間外労働および休日労働について，割増賃金の支払義務が生じないこととなるから，残業代支払請求訴訟においては，当該労働者が同法41条各号に該当することが，企業側の抗弁の主張として重要なものとなる。

　もっとも，同条各号が適用されるのは，前記のとおり限定されており，広範な例外は認められていない。企業においては，平時から，同条各号に該当する社員の範囲を適切に定める必要がある。

第8節 その他

1 遅延損害金

　残業代請求訴訟においては，未払賃金の請求に合わせ，支払日以降の遅延損害金も請求されるのが通常である。割増賃金の未払に関する遅延損害金については，営利企業の場合には，商事法定利率が適用されるため，年6％の割合となる（商法514条)[32]。

　もっとも，事業主は，その事業を退職した労働者に係る賃金（退職金を除く）の全部または一部をその退職の日までに支払わなかった場合には，当該労働者に対し，当該退職の日の翌日からその支払をする日までの期間について，その日数に応じ，当該退職の日の経過後にまだ支払われていない賃金の額に年14.6％を乗じて得た金額を遅延利息として支払わなければならないとされているため（賃金の支払の確保等に関する法律（以下「賃確法」という）6条1項，同法施行令1条），注意が必要である。もっとも，同法6条2項では，「賃金の支払の遅延が天災地変その他のやむを得ない事由で厚生労働省令で定めるものによるものである場合」には，その事由の存する期間については上記利率を適用しないとされているところ，厚生労働省令で定めるものの1つとして，「支払が遅滞している賃金の全部又は一部の存否に係る事項に関し，合理的な理由により，裁判所又は労働委員会で争つていること」が規定されている（同法施行規則6条4号）。この点裁判例においては，割増賃金支払の前提として，専門業務裁量労働制が適用されるか否かが争点の1つとなっていた事案で，その対象

---

[32] 新井工務店事件・最判昭51・7・9判時819号91頁。

業務の解釈が争われており，当事者双方の主張内容や事実関係に照らして，割増賃金の支払義務を争うことには合理的な理由がないとはいえないとして，商事法定利率を適用している（前掲・レガシィ事件）[33]。

　残業代支払請求訴訟が提起されるのは，多くの場合，当該労働者が退職をした後であるから，当該労働者においては，退職日以降の遅延損害金を年14.6％の割合として請求することが多い。6％か14.6％かでは金額が大きく異なってくるため，使用者は，労働者から遅延利息14.6％の主張を受けたら，訴訟上，割増賃金の支払義務を争っていることを理由として，賃確法6条1項が適用されないことを主張しておくことが必須である。

2　付加金

　裁判所は，時間外労働，休日労働，深夜労働の割増賃金の支払義務（労働基準法37条）に違反した使用者に対し，労働者の請求により，使用者が支払わなければならない金額と同一額の付加金の支払を命ずることができる（同法114条）。なお，労働審判では付加金の支払を命じることはできないとされる。

　裁判例においては，付加金の支払請求については，使用者による労働基準法違反の程度や態様，労働者が受けた不利益の性質や内容，違反に至る経緯やその後の使用者の対応などの諸事情を考慮してその支払の可否および金額を検討するのが妥当であるとしている[34]。実際，付加金の支払請求を棄却した裁判例も複数存在する[35]。

　また，付加金の支払義務について，裁判例は，「労働基準法114条の付加金の支払義務は，使用者が未払割増賃金等を支払わない場合に当然発生するものではなく，労働者の請求により裁判所が付加金の支払を命ずることによって初め

---

[33] 当該裁判例（東京高判平26・2・27労判1086号5頁）において，専門業務型裁量労働制の適用は否定されており，割増賃金の支払義務が認められているが，かかる場合であっても，割増賃金の支払義務を争うことには合理的な理由がないとはいえないとしている点は実務上参考となるものである。

[34] 松山石油事件・大阪地判平13・10・19労判820号15頁等。

[35] 前掲・松山石油事件，風月荘事件・大阪地判平13・3・26労判810号41頁等。

て発生するものと解すべきであるから，使用者に同法37条の違反があっても，裁判所がその支払を命ずるまで（訴訟手続上は事実審の口頭弁論終結時まで）に使用者が未払割増賃金の支払を完了しその義務違反の状況が消滅したときには，もはや，裁判所は付加金の支払を命ずることができなくなる」と判示している（甲野堂薬局事件・最判平26・3・6判時2219号136頁）。

　残業代支払請求訴訟においては，多くの場合，労働者は，未払残業代と同額の付加金の支払を請求していることから，使用者においては，未払残業代の存否を争うのはもちろんのこと，使用者における賃金制度，労務管理制度の正当性をきちんと説明し，仮に労働基準法違反が存在したとしてもその程度が軽微であること，労働者の不利益が少ないこと，さらには労働者から請求を受けた後も誠実に対応していること等，労働基準法を無視する意図はないことを丁寧に主張し，付加金の支払を命じることは相当ではない旨反論する。

　それにもかかわらず，第1審に敗訴し，未払残業代の支払とともに付加金の支払も命じられたとしても，上記のとおり，事実審の口頭弁論終結時までに未払割増賃金の支払を完了すれば，裁判所は付加金の支払を命ずることができなくなるから，使用者としては，最後の手段として控訴審の口頭弁論終結時までに，未払残業代を支払うことで付加金の支払を免れることが可能である。このようにして，企業は，付加金の支払を免れることができ，実務上も多く行われている。

3　時　効

　労働基準法の規定による賃金請求権は，2年間これを行わないときは時効によって消滅する（労働基準法115条）。したがって，時間外労働，休日労働，深夜労働に対する割増賃金の支払請求権の時効も2年間である。

　裁判例上は，不法行為を原因として，割増賃金相当額について，損害賠償請求をすることも認められる場合があり，かかる場合には，消滅時効の期間は3年間となる（民法724条）[36]。もっとも，不法行為による損害賠償請求を認めた裁

36　不法行為による損害賠償の請求権は，被害者またはその法定代理人が損害および加害者を知った時から3年間行使しないときは，時効によって消滅する。

判例は，通常の時間外勤務については，自己啓発や個人都合であるとして割増賃金を支払わないという状態が常態化していたこと，出勤簿に出退勤時刻が全く記載されておらず管理者において時間外勤務時間を把握する方法がなかったこと等から，損害賠償請求を認めたものであり，極めて特殊な事例である（杉本商事事件・広島高判平19・9・4労判952号33頁）。賃金請求権の発生後，2年以上が経過している場合に，消滅時効の完成を避けるために，不法行為に基づく損害賠償を行うことも考えられるが，単に割増賃金の不払が存在するだけでなく，上記のような特殊な事情が必要とされていることから，当該主張が認められる範囲が限定的である点は，留意が必要である。

　実務上，割増賃金の支払請求をされた場合には，当該請求権が時効によって消滅していないかを確認し，時効消滅しているものについては，時効を援用することが重要となる。なお，賃金請求権の消滅時効の援用が信義則に反するとした裁判例もあるので[37]，必ずしも消滅時効の援用が認められるものではないことには注意が必要となる。

　また，労働者から使用者に対して残業代が請求される場合，通常は，いきなり訴訟を提起するのではなく，本人名義あるいは代理人弁護士名義の内容証明郵便等により，請求を行ってくる。これは，訴訟の段階に至る前に，話合いによる解決を期待しているからであるが，もう一つの理由としては，時効の中断がある。すなわち，労働者による事実上の請求は，「催告」に該当するとして，6カ月以内に，訴訟を提起すれば，請求時点で時効を中断することができる（民法153条）。特に退職した労働者からの残業代請求の場合，訴訟提起が遅ければ遅れるだけ残業代請求期間が短くなるため，早期に催告し，6カ月の間に使用者と交渉し，交渉が成立しなければ訴訟や労働審判を提起するというケースが多い。この催告に関して，最近は，請求の根拠も請求金額も示さないまま，ただ「残業代を請求します」とのみ記載した通知書を送付し，それをもって時効の中断を主張するケースが見られる（その後，労働時間の記録や規則類の提出を使用者に求め，内容を確認した後に具体的な金額を提示する）。しかし，

---

[37] 東栄衣料破産管財人ほか事件・福島地白川支判平24・2・14労判1049号37頁，日本セキュリティシステム事件・長野地佐久支判平11・7・14労判770号98頁。

時効の中断は権利者による真実の権利の主張または義務者による真実の権利の承認と考えられるところ[38]，通知時に存在するかどうかも不明な債権については，「権利を主張」しているとはいえず，中断の効力が認められるのかについては甚だ疑問である。少なくとも具体的な金額を請求した時点で「催告」があったと判断するのが適切ではないかと考える。

38　我妻栄『新訂　民法総則』（岩波書店，1965年）458頁。

事項索引

あ行

後始末の時間 …………………… 136
安全配慮義務 …………………… 167
1年以内の期間の変形労働時間制 …… 139
1カ月以内の期間の変形労働時間制 …… 139
1週間単位の非定型的変形労働時間制
　　………………………………… 139
移動時間 ………………………… 138

か行

解雇 ……………………………… 18
　——の客観的合理性 …………… 20
　——の社会的相当性 …………… 21
解雇回避措置 …………………… 79
解雇権濫用法理 ……………… 18, 76
解雇事由 ………………………… 36
解雇手続 ………………………… 23
解雇予告 ………………………… 94
会社解散 ………………………… 88
　——の自由 …………………… 88
改善の機会 ……………… 64, 65, 66, 69
改善プログラム ………………… 61
家族手当 ………………………… 152
仮眠時間 ………………………… 136
カラ出張 ………………………… 101
監視または断続的労働者 ……… 196
監督若しくは管理の地位にある者 …… 187
管理監督者 ……………………… 187
企画業務型裁量労働制 ………… 148
偽装解散 ………………………… 89
希望退職 ……………………… 81, 86
基本給組込型 …………………… 161
機密の事務を取り扱う者 ……… 196
休憩時間 ………………………… 135
休日労働 ………………………… 126
休職 …………………………… 37, 38
休職期間満了 …………………… 52
競業避止義務 …………………… 107
業務上の負傷・疾病 …………… 50
業務の適正な範囲 ……………… 104
業務命令違反 …………………… 98
金銭の不正取得 ………………… 100
勤続が長期にわたる者 ………… 67
勤務成績不良 …………………… 63
勤務態度不良 ………………… 57, 58
経営判断 ………………………… 78
契約更新の期待 ………………… 120
契約年数 ………………………… 115
経歴詐称 ………………………… 95
欠勤・遅刻・早退 …………… 57, 58
健康診断 ………………………… 137
兼職 ……………………………… 106
降格・降給 ……………………… 64
公序良俗 ………………………… 167
更新回数 ………………………… 115
更新限度条項 …………………… 118
更新手続 ………………………… 118
口頭弁論期日 …………………… 6
坑内労働者 ……………………… 137
合理的な推計方法 ……………… 134
個人面談 ………………………… 85
固定残業代 ……………………… 160
雇用指針 ………………………… 31

さ行

サービス残業 …………………… 133
再就職支援会社 ……………… 81, 86
採用内定 ………………………… 73
採用内々定 ……………………… 75
裁量労働制 ……………………… 148
作業準備の時間 ………………… 136

残業代	127
時間外労働	126
事業場外労働のみなし制	143
時効	200
子女教育手当	152
私生活上の非行	105
施設管理権	102
自宅待機	109
自動更新条項	115
シフト表	130
住宅手当	152
上位職	67
試用期間	70, 72
証拠化	69
証拠調べ	6
情報通信機器を活用した在宅勤務の適切な導入及び実施のためのガイドラインの改訂について	144
除外賃金	151, 158
除外認定	95
職務懈怠	96
職務怠慢	54
職務能力	55, 56, 58, 64
——の欠如	54
所定労働時間	126, 141, 153
書面化	69
人員削減の必要性	77
人選基準	82
人選の合理性	82
深夜労働	128
スタッフ職	187
清算合意	166
整理解雇	76, 87, 88
セカンドオピニオン	45
セクシャルハラスメント	102
説明会	85
専門業務型裁量労働制	148

た行

対価性の要件	163, 166
待機時間	135
退職金	93
タイムカード	130, 194
滞留時間	136
遅延損害金	198
治癒	41
注意・指導	60
中間収入控除	27, 29
懲戒委員会	108
懲戒解雇	90
懲戒事由	91
賃金の支払の確保等に関する法律	198
通勤手当	152
——の不正請求	100
通常の労働時間又は労働日の賃金	150, 159
通常必要とされる時間	143, 147
定額手当型	161
定年後再雇用	120
手続の相当性	84
手待時間	135
電子メールの送信時刻	131

な行

日報・週報等	130
入退館記録	130
入浴時間	137
年俸制	153
農業または畜産・養蚕・水産業に従事する者	196

は行

配置転換	63, 65, 66, 99
パソコンのログイン・ログアウト時間	131
バックペイ	27, 28
パワーハラスメント	103
犯罪行為	105
非組合員	85
秘密保持義務	107

歩合 ·············· 151, 155
付加金 ·············· 160, 199
復職 ·················· 26
服務規律違反 ·············· 100
不更新条項 ·············· 118
不当労働行為 ·············· 89
フレックスタイム制 ·············· 142
紛争調整委員会 ·············· 13
平均所定労働時間 ········· 153, 158
閉店・開店時刻 ·············· 131
別居手当 ·············· 152
弁解の機会 ·············· 108
変形労働時間制 ·············· 139
弁論準備手続期日 ·············· 6
法定外休日 ·············· 128
法定内残業 ·············· 127
法定労働時間 ·············· 126

ま行

民事訴訟 ·············· 5
民事保全手続 ·············· 11
無期転換権 ·············· 116
無断欠勤 ·············· 97
明確区分性 ·············· 162
面談 ·············· 62
黙示的な指揮命令 ·············· 133
黙示の更新 ·············· 114
モニタリング ·············· 108

や行

雇止め ·············· 36, 112

やむを得ない事由 ·············· 111
有期契約労働者 ·············· 110
諭旨解雇 ·············· 90
予告手当 ·············· 73
四要件説 ·············· 76
四要素説 ·············· 76

ら行

立証責任 ·············· 133, 134
臨時的業務 ·············· 113, 116
労災→労働災害
労働安全衛生法 ·············· 137
労働委員会 ·············· 15
労働協約 ·············· 86
労働組合 ·············· 84, 86, 89
労働災害 ·············· 49, 51
労働時間 ·········· 130, 132, 134
労働時間規制を弾力化する制度 ······· 139
労働時間等に関する規定の適用除外 ···· 186
労働時間を算定し難いとき ·············· 143
労働者のメモ ·············· 131
労働審判手続 ·············· 7
労務提供義務の不完全履行 ·············· 53
録音 ·············· 69

わ行

和解 ·············· 29
割増賃金の計算方法 ·············· 154
割増賃金の算定基礎 ········· 150, 157
割増率 ·············· 127, 154

判例索引

【最高裁判所】

最判昭48・12・12民集27巻11号1536頁〔三菱樹脂事件〕・・・・・・・・・・・・・・・・・・・・・・・・・・・・・・ 70
最判昭49・2・28民集28巻1号66頁〔国鉄中国支社事件〕・・・・・・・・・・・・・・・・・・・・・・・・・・・ 105
最判昭49・3・15民集28巻2号265頁〔日本鋼管事件〕・・・・・・・・・・・・・・・・・・・・・・・・・・・・・・ 105
最判昭49・7・22労判206号27頁〔東芝柳町工場事件〕・・・・・・・・・・・・・・・・・・・・・・・・ 112, 113
最判昭50・4・25民集29巻4号456頁〔日本食塩製造事件〕・・・・・・・・・・・・・・・・・・・・・・・・・ 18
最判昭51・7・9判時819号91頁〔新井工務店事件〕・・・・・・・・・・・・・・・・・・・・・・・・・・・・・・・ 198
最判昭52・1・31労判268号17頁〔高知放送事件〕・・・・・・・・・・・・・・・・・・・・・・ 19, 21, 23, 57
最判昭52・12・13民集31巻7号974頁〔電電公社目黒電報電話局事件〕・・・・・・・・・・・ 102
最判昭54・7・20民集33巻5号582頁〔大日本印刷事件〕・・・・・・・・・・・・・・・・・・・・・・ 73, 74
最判昭55・5・30民集34巻3号464頁〔電電公社近畿電通局事件〕・・・・・・・・・・・・・・・・・・ 73
最判昭55・7・10判タ434号172号〔下関商業高校事件〕・・・・・・・・・・・・・・・・・・・・・・・・・・・ 68
最判昭56・9・18民集35巻6号1028頁〔三菱重工業事件〕・・・・・・・・・・・・・・・・・・・・・・・ 137
最判昭61・7・14労判477号6頁〔東亜ペイント事件〕・・・・・・・・・・・・・・・・・・・・・・・・ 99, 100
最判昭61・12・4労判484号6頁〔日立メディコ柏工場事件〕・・・・・・・・・・・・・・・・・ 80, 113
最判昭62・4・2労判500号14頁・・・ 27
最判平2・6・5労判564号7頁〔神戸弘陵学園事件〕・・・・・・・・・・・・・・・・・・・・・・・・・・・・・ 72
最判平6・6・13労判653号12頁〔高知県観光事件〕・・・・・・・・・・・・・・・・・・ 162, 163, 164, 166
最判平8・9・26労判708号31頁〔山口観光事件〕・・・・・・・・・・・・・・・・・・・・・・・・・・・・・ 25, 92
最判平10・4・9労判736号15頁〔片山組事件〕・・・・・・・・・・・・・・・・・・・・・・・・・・・・・・・ 42, 48
最判平12・3・9民集54巻3号801頁〔三菱重工業（会社側上告）事件〕・・・・・・・・ 135, 137
最判平14・2・28民集56巻2号361頁〔大星ビル管理事件〕・・・・・・・・・・・・・・・・・・・・・・ 136
最判平15・10・10労判861号5頁〔フジ興産事件〕・・・・・・・・・・・・・・・・・・・・・・・・・・・・・・・ 91
最判平18・10・6労判925号11頁〔ネスレ日本事件〕・・・・・・・・・・・・・・・・・・・・・・・・・・・・・ 92
最判平22・5・25労判1085号5頁〔小野リース事件〕・・・・・・・・・・・・・・・・・・・・・・・・・・・・・ 67
最判平24・3・8労判1060号5頁〔テックジャパン事件〕・・・・・・・・・・・・・・・・・・・・・ 163, 168
最判平24・4・27労判1055号5頁〔日本ヒューレット・パッカード事件〕・・・・・・・ 38, 40
最判平26・1・24労経速2205号3頁〔阪急トラベルサポート（派遣従業員・第2）事件〕・・・・ 144
最判平26・3・6判時2219号136頁〔甲野堂薬局事件〕・・・・・・・・・・・・・・・・・・・・・・・・・・ 200

【高等裁判所】

東京高判昭54・10・29労民30巻5号1002頁〔東洋酸素事件〕・・・・・・・・・・・・・・・・・・・・・ 78
仙台高判昭55・12・8労判365号33頁〔福島市職員事件〕・・・・・・・・・・・・・・・・・・・・・・・・ 95
大阪高判昭59・11・29労民35巻6号641頁〔日本高圧瓦斯工業事件〕・・・・・・・・・・・・・ 93
東京高判昭61・11・13労判487号66頁〔京セラ（旧サイバネット工業・行政）事件〕・・・・・・ 40

東京高判平7・6・22労判685号66頁･･ 23
大阪高判平10・5・29労判745号42頁〔日本コンベンションサービス事件〕･･････････････ 93
大阪高判平13・6・28労判811号5頁〔京都銀行事件〕･･････････････････････････････ 136, 137
広島高判平14・6・25労判835号43頁〔JR西日本事件〕････････････････････････････････ 140
福岡高決平14・9・18労判840号52頁〔安川電機八幡工場事件〕････････････････････････ 112
大阪高判平15・11・13労判886号75頁〔大森陸運ほか2社事件〕････････････････････････ 88
東京高判平15・12・11労判867号5頁〔小田急電鉄事件〕･････････････････････････････ 93
東京高判平16・1・22労経速1876号24頁〔新日本製鐵事件〕････････････････････････････ 75
東京高判平16・6・16労判886号93頁〔千代田学園事件〕･･･････････････････････････････ 108
名古屋高判平16・10・28労判886号38頁〔ジップベイツ事件〕････････････････････････ 89
福岡高判平17・9・14労判903号68頁〔K工業技術専門学校（私用メール）事件〕･･････ 97
広島高判平19・9・4労判952号33頁〔杉本商事事件〕･･････････････････････････････････ 201
大阪高判平19・10・26労判975号50頁〔第一交通産業ほか（佐野第一交通）事件〕････････ 90
福岡高判平20・8・25判時2032号52頁〔海上自衛隊事件〕･････････････････････････････ 104
東京高判平20・11・11労判1000号10頁〔ことぶき事件〕･･････････････････････････････ 190
東京高判平21・12・25労判998号5頁〔東和システム事件〕･････････････････････････････ 162
東京高判平24・9・20労経速2162号3頁〔本田技研工業事件〕･･･････････････････････････ 118
札幌高判平24・10・19労判1064号37頁〔ザ・ウィンザー・ホテルズインターナショナル事
 件〕･･ 167, 174
大阪高判平24・12・13労判1072号55頁〔アイフル（旧ライフ）事件〕････････････････ 50, 51
東京高判平25・3・21労判1073号5頁〔日本ヒューレット・パッカード事件〕･･････ 56, 62, 64
東京高判平25・4・24労判1074号75頁〔ブルームバーグ・エル・ピー事件〕･････････ 33, 62
札幌高判平26・2・20労判1099号78頁〔北海道大学事件〕･･･････････････････････････ 119
東京高判平26・2・27労判1086号5頁〔レガシィ事件〕･･････････････････････････ 149, 199
東京高判平26・11・26労判1110号46頁〔マーケティングインフォメーションコミュニティ事
 件〕･･ 167
東京高判平27・5・12判例集未登載･･ 67
東京高判平27・10・7判時2287号118頁･･ 168, 183

【地方裁判所】

浦和地判昭40・12・16労民16巻6号1113頁〔平仙レース事件〕･････････････････････ 41
福岡地判昭45・10・19労判115号68頁〔チェース・マンハッタン銀行事件〕･･････････ 83
名古屋地判昭47・4・28判時680号88頁〔橋元運輸事件〕････････････････････････････ 106
横浜地川崎支決昭49・1・26労民25巻1＝2号12頁〔日本工業検査事件〕････････････ 138
静岡地判昭53・3・28労判297号39頁〔静岡銀行事件〕･････････････････････････ 188, 194
東京地判昭55・2・15労判355号23頁〔スーパーバッグ事件〕････････････････････････ 95
大阪地判昭56・3・24労経速1091号3頁〔すし処「杉」事件〕･････････････････････････ 135
横浜地判昭57・2・25労判397号37頁〔東京プレス工業事件〕･････････････････････････ 97
大阪地判昭57・3・29労判386号16頁〔大阪淡路交通事件〕･･･････････････････････････ 135
静岡地判昭57・7・16労判392号25頁〔赤阪鉄工所事件〕････････････････････････････ 85

207

判例索引

大阪地判昭58・2・14労判405号64頁〔八尾自動車興産事件〕	137
東京地判昭59・1・27労判423号〔エール・フランス事件〕	41
大阪地判昭59・7・25労判451号64頁〔日本高圧瓦斯工業事件〕	93
仙台地判昭60・9・19労判459号40頁〔マルヤタクシー事件〕	25
大阪地判昭61・7・30労判481号51頁〔レストラン「ビュッフェ」事件〕	190, 194
大阪地判昭62・3・31労判497号65頁〔徳洲会事件〕	191, 194
東京地判昭63・4・27労判517号18頁〔日本プレジデントクラブ事件〕	189
東京地決平6・11・10労経速1550号23頁〔三井リース事業事件〕	21
大阪地決平7・10・20労判685号49頁〔大阪暁明館事件〕	77
京都地判平8・2・27労判713号86頁〔株式会社よしとよ事件〕	85
東京地判平8・7・26労判699号22頁〔中央林間病院事件〕	109
東京地判平9・8・1労判722号62頁〔ほるぷ株式会社事件〕	145
東京地決平9・10・31労判726号37頁〔インフォミックス事件〕	74
横浜地決平10・2・9労判735号37頁	22
大阪地決平10・7・7労判747号50頁〔グリン製菓事件〕	89
福岡地久留米支決平10・12・24労判758号11頁〔北原ウエルテック事件〕	85
東京地判平10・12・25労経速1701号3頁〔ゴールドマン・サックス・ジャパン・リミテッド事件〕	55
長野地佐久支判平11・7・14労判770号98頁〔日本セキュリティシステム事件〕	201
東京地決平11・10・15労判770号34頁〔セガ・エンタープライゼス事件〕	54
東京地判平11・12・5労経速1759号3頁〔日本エマソン事件〕	61, 63, 65
大阪地判平11・12・8労判777号25頁〔タジマヤ事件〕	90
東京地判平12・4・26労判789号21頁〔プラウドフットジャパン事件〕	66
東京地判平12・7・28労判797号65頁〔東京海上火災保険事件〕	57
大阪地判平13・3・26労判810号41頁〔風月荘事件〕	199
大阪地判平13・3・30労経速1774号3頁〔朝日新聞社事件〕	66
東京地判平13・7・6労判814号53頁〔ティアール建材・エルゴテック事件〕	81
東京地決平13・8・10労判820号74頁〔エース損害保険事件〕	53, 59
大阪地判平13・10・19労判820号15頁〔松山石油事件〕	199
東京地判平13・12・25労経速1789号22頁〔ブレーンベース事件〕	71
東京地決平14・1・15労判819号81頁〔エム・ディー・エス事件〕	86, 87
東京地判平14・4・22労判830号52頁〔日経ビーピー事件〕	97
東京地判平14・4・24労判828号22頁	39
大阪地判平14・7・19労判833号22頁〔光和商事事件〕	145
東京地判平14・10・22労判838号15頁〔ヒロセ電機事件〕	66
大阪地決平15・4・16労判849号35頁〔大建工業事件〕	43
大阪地判平15・8・8労判860号33頁〔協和精工（本訴）事件〕	121
東京地判平15・12・19労判873号73頁〔タイカン事件〕	114
東京地判平15・12・22労判871号91頁〔日水コン事件〕	56, 58, 60, 62, 63
東京地判平16・12・17労判889号52頁〔グラバス事件〕	95

大阪地判平17・1・13労判893号150頁〔近畿コカ・コーラボトリング事件〕‥‥‥‥‥‥ 118
東京地判平17・2・25労判893号113頁〔ビル代行（宿直勤務）事件〕‥‥‥‥‥‥‥‥ 136
大阪地判平17・3・30労判892号5頁〔ネスレコンフィクショナリー関西支店事件〕‥‥‥ 111
東京地判平17・10・19労判905号5頁〔モルガン・スタンレー・ジャパン事件〕‥‥‥ 168, 184
仙台地決平17・12・15労判915号152頁〔三陸ハーネス事件〕‥‥‥‥‥‥‥‥‥‥‥‥ 89
東京地判平18・1・25労判912号63頁〔日音事件〕‥‥‥‥‥‥‥‥‥‥‥‥‥‥‥‥‥ 94
東京地判平18・2・6労判911号5頁〔農林漁業金融公庫事件〕‥‥‥‥‥‥‥‥‥‥‥‥ 39
東京地判平18・3・14労経速1934号12頁〔日本ストレージ・テクノロジー事件〕‥‥‥ 63
東京地判平18・11・10労判931号65頁〔PE&HR事件〕‥‥‥‥‥‥‥‥‥‥‥‥‥‥‥ 133
東京地判平19・3・22労判938号85頁〔センチュリー・オート事件〕‥‥‥‥‥ 190, 191, 192
東京地判平19・3・26労判943号41頁〔中山書店事件〕‥‥‥‥‥‥‥‥‥‥‥‥‥‥‥ 153
福岡地判平19・4・26労判948号41頁〔姪浜タクシー事件〕‥‥‥‥‥‥‥‥‥‥‥ 192, 193
東京地判平19・9・14労判947号35頁〔セコム損害保険事件〕‥‥‥‥‥‥‥‥‥‥‥‥ 59
東京地判平19・9・18労判947号23頁〔北沢産業事件〕‥‥‥‥‥‥‥‥‥‥‥‥‥‥‥ 61
大阪地判平19・10・25労判953号27頁〔トップ（カレーハウスココ壱番屋店長）事件〕‥‥ 133
東京地判平20・1・28労判953号10頁〔日本マクドナルド事件〕‥‥‥‥‥‥‥ 190, 192, 194
大阪地判平20・2・8労判959号168頁〔日本ファースト証券事件〕‥‥‥‥‥‥‥ 189, 191
東京地判平20・4・22労判965号5頁〔東芝（うつ病・解雇）事件〕‥‥‥‥‥‥‥‥‥ 50
東京地判平20・9・30労判977号74頁〔ゲートウェイ21事件〕‥‥‥‥‥‥‥‥‥ 188, 193
神戸地尼崎支判平20・10・14労判974号25頁〔報徳学園（雇止め）事件〕‥‥‥‥‥ 117, 119
東京地判平21・1・30労判980号18頁〔ニュース証券事件〕‥‥‥‥‥‥‥‥‥‥‥‥‥ 71
神戸地判平21・1・30労判984号74頁〔三菱電機エンジニアリング事件〕‥‥‥‥‥‥‥ 59
東京地判平21・2・16労判983号51頁〔日本インシュアランスサービス事件〕‥‥‥‥‥ 146
東京地判平21・3・9労判981号21頁〔東和システム事件〕‥‥‥‥‥‥‥‥‥‥‥ 188, 194
東京地判平21・4・16労判985号42頁〔トムの庭事件〕‥‥‥‥‥‥‥‥‥‥‥‥‥ 63, 64
福井地判平21・4・22労判985号23頁〔A病院（医師・解雇）事件〕‥‥‥‥‥‥‥‥ 56, 67
東京地判平21・10・15労判999号54頁〔医療法人財団健和会事件〕‥‥‥‥‥‥‥‥‥‥ 72
東京地判平21・12・21労判1006号65頁〔明石書店事件〕‥‥‥‥‥‥‥‥‥‥‥‥‥‥ 119
東京地判平22・3・24労判1008号35頁〔J学園（うつ病・解雇）事件〕‥‥‥‥‥‥‥‥ 43
京都地判平22・5・18労経速2079号3頁〔京都新聞COM事件〕‥‥‥‥‥‥‥ 116, 117, 119
福岡地判平22・6・2労判1008号5頁〔コーセーアールイー（第2）事件〕‥‥‥‥‥‥‥ 75
東京地判平22・8・26労判1013号15頁〔東京大学出版会事件〕‥‥‥‥‥‥‥‥‥‥‥ 120
東京地判平23・2・25労判1028号56頁〔日本通運（休職命令・退職）事件〕‥‥‥‥‥‥ 45
東京地判平23・4・28労判1040号58頁〔E－グラフィックスコミュニケーションズ事件〕
‥‥‥‥‥‥‥‥‥‥‥‥‥‥‥‥‥‥‥‥‥‥‥‥‥‥‥‥‥‥‥‥‥‥‥ 116, 117, 118
東京地判平23・10・25労判1041号62頁〔スタジオツインク事件〕‥‥‥‥‥‥‥‥‥‥ 134
福島地白川支判平24・2・14労判1049号37頁〔東栄衣料破産管財人ほか事件〕‥‥‥‥ 201
京都地判平24・4・17労判1058号69頁〔セントラルスポーツ事件〕‥‥‥‥‥‥‥ 190, 193
東京地判平24・6・29ウエストロー2012WLJPCA06298017〔アクティリンク（第1）事件〕
‥‥‥‥‥‥‥‥‥‥‥‥‥‥‥‥‥‥‥‥‥‥‥‥‥‥‥‥‥‥‥‥‥‥‥‥‥‥‥ 170

東京地判平24・8・28労判1058号5頁〔アクティリンク(第2)事件〕………166, 167, 169
東京地判平24・9・4労判1063号65頁〔ワークフロンティア事件〕………………170
京都地判平24・10・16判タ1395号141頁〔トレーダー愛事件〕………………172
東京地判平25・1・31労経速2185号3頁〔伊藤忠商事事件〕………………48
東京地判平25・2・28労判1074号47頁〔イーライフ事件〕………………166, 167, 177
横浜地判平25・4・25労判1075号14頁〔東芝ライテック事件〕………………114
東京地判平25・5・22労判1095号63頁〔ヒロセ電機(残業代等請求)事件〕………146
東京地判平25・6・26判例集未登載〔Y工務店事件〕………………167, 179
東京地判平25・7・23労判1080号5頁〔ファニメディック事件〕………………167, 180
大分地判平25・12・10労判1090号44頁〔ニヤクコーポレーション事件〕………114
東京地判平26・2・28LLI/DBL06930615………………192
静岡地判平26・7・9労判1105号57頁〔社会福祉法人県民厚生会ほか事件〕………50
東京地判平26・8・26労判1103号86頁〔泉レストラン事件〕………………181
横浜地判平27・1・4労経速2244号3頁〔コンチネンタル・オートモーティブ事件〕……44
横浜地判平27・4・23判時2287号124頁………………184
横浜地判平27・10・15労判1126号5頁〔エヌ・ティ・ティ・ソルコ事件〕………115
鳥取地判平27・10・16労判1128号32頁〔三洋電機(契約社員・雇止め)事件〕………114

《著者紹介》

荒井　太一（あらい　たいち）

〔略　歴〕
平成14年　慶應義塾大学法学部卒業
平成15年10月　弁護士登録（東京弁護士会）
平成21年　バージニア大学ロースクール卒業
平成22年１月　ニューヨーク州弁護士登録
平成21年〜23年　米国三井物産株式会社，三井物産株式会社出向
平成27年〜28年　厚生労働省労働基準局出向

〔主要著書〕
『企業の情報管理―適正な対応と実務』（労務行政，2016年，共著）
『M&A法大系』（有斐閣，2015年，共著）
『実践　就業規則見直しマニュアル』（労務行政，2014年，編著）
『震災法務Q&A　企業対応の実務』（金融財政事情研究会，2011年，編著）

安倍　嘉一（あべ　よしかず）

〔略　歴〕
平成12年　東京大学法学部卒業
平成17年10月　弁護士登録（第一東京弁護士会）

〔主要著書〕
『Q&A　職場のトラブル110番』（民事法研究会，2008年，共著）
『現代型問題社員対策の手引（第４版）』（民事法研究会，2012年，共著）
『ケースで学ぶ労務トラブル解決交渉術』（民事法研究会，2013年）
『企業情報管理実務マニュアル』（民事法研究会，2015年，共著）

小笠原　匡隆（おがさわら　まさたか）

〔略　歴〕
平成21年　早稲田大学法学部３年早期卒業
平成23年　東京大学法科大学院修了
平成24年12月　弁護士登録（第二東京弁護士会）

岡野　智（おかの　さとし）

〔略　歴〕
平成21年　早稲田大学法学部３年早期卒業
平成24年　東京大学法科大学院修了
平成25年12月　弁護士登録（第二東京弁護士会）

企業訴訟実務問題シリーズ
労働訴訟──解雇・残業代請求

2017年2月25日　第1版第1刷発行

編　者	森・濱田松本法律事務所
著　者	荒　井　太　一
	安　倍　嘉　一
	小　笠　原　匡　隆
	岡　野　智　継
発行者	山　本　　　継
発行所	㈱中央経済社
発売元	㈱中央経済グループパブリッシング

〒101-0051　東京都千代田区神田神保町1-31-2
電話　03 (3293) 3371 (編集代表)
　　　03 (3293) 3381 (営業代表)
http://www.chuokeizai.co.jp/
印刷／昭和情報プロセス㈱
製本／㈱関川製本所

Ⓒ 2017
Printed in Japan

＊頁の「欠落」や「順序違い」などがありましたらお取り替えいたしますので発売元までご送付ください。(送料小社負担)

ISBN978-4-502-20911-6　C3332

JCOPY〈出版者著作権管理機構委託出版物〉本書を無断で複写複製 (コピー) することは，著作権法上の例外を除き，禁じられています。本書をコピーされる場合は事前に出版者著作権管理機構 (JCOPY) の許諾を受けてください。
JCOPY〈http://www.jcopy.or.jp　eメール：info@jcopy.or.jp　電話：03-3513-6969〉

平成26年改正をふまえたリニューアル版

新・会社法実務問題シリーズ 全10巻

――森・濱田松本法律事務所[編]――

第1巻 定款・各種規則の作成実務[第3版]　　　　　　　　　　好評発売中
藤原総一郎・堀 天子

第2巻 株式・種類株式[第2版]　　　　　　　　　　好評発売中
戸嶋浩二

第3巻 新株予約権・社債[第2版]　　　　　　　　　　好評発売中
安部健介・峯岸健太郎

第4巻 株主総会の準備事務と議事運営[第4版]　　　　　　　　　　好評発売中
宮谷 隆・奥山健志

第5巻 機関設計・取締役・取締役会　　　　　　　　　　好評発売中
三浦亮太

第6巻 監査役・監査委員会・監査等委員会　　　　　　　　　　好評発売中
奥田洋一・石井絵梨子・河島勇太

第7巻 会社議事録の作り方
　　　　──株主総会・取締役会・監査役会[第2版]　　　　　　　　好評発売中
松井秀樹

第8巻 会社の計算[第2版]　　　　　　　　　　好評発売中
金丸和弘・藤津康彦

第9巻 組織再編[第2版]　　　　　　　　　　好評発売中
菊地 伸・石綿 学・石井裕介・小松岳志・髙谷知佐子・
戸嶋浩二・峯岸健太郎・池田 毅

第10巻 会社訴訟・非訟・仮処分　　　　　　　　　　未刊
太子堂厚子

中央経済社

過去の裁判例を基に，代表的な訴訟類型において
弁護士・企業の法務担当者が留意すべきポイントを解説！

企業訴訟
実務問題シリーズ

森・濱田松本法律事務所［編］

◆ **企業訴訟総論**　　　　　　　　　　　　　　　　　好評発売中
　難波孝一・稲生隆浩・横田真一朗・金丸祐子

◆ **証券訴訟**──虚偽記載　　　　　　　　　　　　　好評発売中
　藤原総一郎・矢田　悠・金丸由美・飯野悠介

◆ **労働訴訟**──解雇・残業代請求　　　　　　　　　好評発売中
　荒井太一・安倍嘉一・小笠原匡隆・岡野　智

─以下，順次刊行予定─

◆ **インターネット訴訟**
　上村哲史・山内洋嗣・上田雅大

◆ **税務訴訟**
　大石篤史・小島冬樹・飯島隆博

◆ **独禁法訴訟**
　伊藤憲二・大野志保・渥美雅之・市川雅士・柿元將希

◆ **環境訴訟**
　山崎良太・川端健太

◆ **会社法訴訟**──株主代表訴訟・株式価格決定
　井上愛朗・渡辺邦広・河島勇太・小林雄介

◆ **消費者契約訴訟**──約款関連
　荒井正児・松田知丈・増田　慧

◆ **システム開発訴訟**
　飯田耕一郎・田中浩之

中央経済社